YUHIKAKU

# 社会保障法 ［第2版］

## SOCIAL SECURITY LAW

著・**黒田有志弥**

　　**柴田洋二郎**

　　**島村暁代**

　　**永野仁美**

　　**橋爪幸代**

**有斐閣 ストゥディア**

# 第2版　はしがき

　2019年の初版の刊行から，早くも4年が経とうとしています。社会保障法について学ぶ初学者向けの本として，多くの方に活用していただけたことを大変嬉しく思っています。

　社会保障の分野では，少子高齢化，働き方や家族のあり方の多様化，さらにはグローバル化等の影響のもと，毎年何らかの重要な法改正が行われています。また，この間には，新型コロナウイルス感染症の大流行という近年経験したことのない事態が発生し，感染症対策に改めて大きな関心が集まることにもなりました。

　第2版では，この間に生じた変化を十分に反映させるべく，法改正（後期高齢者医療における窓口負担割合の見直し，厚生年金・健康保険の適用拡大，年金受給開始時の選択肢の拡大，複数就業者に関するセーフティネットの整備等）や新たな裁判例・判例についてその内容をフォローし，情報のアップデートを行うとともに，初版では意識されていなかった保健制度（感染症対策は，この中に含まれます）を社会保障制度の中に位置づける等の作業を行いました。また，新型コロナウイルス感染症に関連するものとしては，恒常化されている制度を中心に取り上げつつ，その既存の制度への影響についてコラム等で紹介することを行いました。変化の中にある社会保障法を十分に描き出せていることを祈っています。

　なお，第2版の刊行にあたっても，初版に引き続き，有斐閣編集部の一村大輔様には大変多くの助言や支援をいただきました。改めて心よりの感謝を申し上げます。

　2023年1月

著　者　一　同

# 初版　はしがき

　本書は，社会保障法をはじめて学ぶ方を対象として書かれた教科書です。社会保障の仕組みを定める社会保障法は，細部まで正確に理解しようとすると，非常に骨が折れます。しかし，本書では，できるだけわかりやすく社会保障法の全体像を示すことを目指しました。

　社会保障法は，私たちが生きていくことと密接に関係する法律です。長い人生のなかでは，みなさん自身が，あるいは，みなさんの家族や身近な人が，何らかの困難に直面することがあるかもしれません。そのようなときに，社会保障法を知っていることは，安心の材料になります。どのような仕組みを利用すればよいかがわかるからです。また，社会保障法を学ぶことは，自分と社会とのつながりを考えるきっかけにもなります。たとえば，現在，少子高齢化が進展するなかで，社会保障のための税金や保険料の負担が増えており，現役世代の人たちと高齢世代の人たちとの間の公平や連帯について，さまざまな言説が登場しています。そのさまざまな言説について自分なりに深く考察し，一定の考えを持てるようにするのを，社会保障法についての正確な知識は手助けしてくれるはずです。

　本書では，みなさんの理解を助けるために，いくつかの工夫をしています。本書は，5人の研究者が執筆していますが，各章は，身近な視点から説明するように心がけ，そして可能な限り同じ構成にしました。ですから，みなさんが実際にその制度を利用するときに気になることから書いてありますし，医療保険の仕組みはだいたい理解できたけれど，年金の仕組みはどうなっているのだろうと思ったときに，制度同士の比較がしやすいように基本的に同じ順序で説明がなされています。また，「Column」や「RESEARCH」，「考えてみよう」などのさまざまなコーナーも用意しました。社会保障法に関するちょっとした「こぼれ話」などに触れることで，飽きることなく本書を読み進めてほしいと思っています。さらに，本書での記述をきっかけに，社会保障法に関する論点や課題を主体的に調べたり，考えたりもしてほしいと思っています。

　本書の執筆には多くの時間を要しましたが，その間，有斐閣編集部の高橋俊

文様，一村大輔様，三宅亜紗美様には多大なご支援をいただきました。ここに心よりの感謝の意を表します。

　2019 年 6 月

著 者 一 同

# 著者紹介

＊［　］内は担当箇所

くろ だ あ し や
**黒田有志弥**　　［3章・4章・7章］
　　国立社会保障・人口問題研究所室長

し ば た よう じ ろう
**柴田洋二郎**　　［5章・6章］
　　中京大学法学部教授

しま むら あき よ
**島村暁代**　　［はじめに・8章・おわりに］
　　立教大学法学部教授

なが の ひと み
**永野仁美**　　［1章］
　　上智大学法学部教授

はし づめ さち よ
**橋爪幸代**　　［2章］
　　日本大学法学部教授

# 目　次

## 雇用保険　　　　　　　　　　　　　　　　　101

## 介護保険　　　　　　　　　　　　　　　　　115

## 社会福祉・社会手当　　　　　135

## 7   第二のセーフティネット        163

CHAPTER

## 8   生活保護        173

---

### Column● コラム一覧

## 本書の使い方 ■

　本書では，社会保障法に対する理解と主体的な学びを助けるために，いくつかの工夫をしています。

● リード文

　各章の冒頭ページで，その章で扱う内容を簡単に説明しています。どんなことを学ぶのか確認したうえで読み進めてください。また，ここを読んだうえで関心のある章から読み始めることもできます。

● notes

　用語の説明や，本文に関連する補足説明をしています。社会保障法は，法学のなかでは発展・応用分野に位置づけられます。忘れてしまったかもしれない行政法や民法などの基本的な用語を notes で確認してください。

● Column

　社会保障法に関するちょっとした「こぼれ話」や「歴史的な経緯」，「最近の動き」などを取り上げています。ここを読むことで，現行制度の背景にはどんなことがあったのか，制度がどのような方向に進もうとしているのかなどを知ることができます。

● RESEARCH

　RESEARCH は，本文で取り上げるには少し詳しすぎる事柄について，みなさん自身に調べてもらうことを目的として設けたものです。他のより詳しい教科書や『判例百選』などにあたって，制度の詳細や関連する判例・裁判例を調べてみてください。

● 考えてみよう

　必ずしも明確な答えがあるわけでない社会保障法に関する論点を取り上げて

います。社会保障の仕組みに関してはさまざまな考え方がありますが，それぞれ一理あるものです。さまざまな考え方に触れつつ，その論点について自分自身でも考えてみてください。

● CHECK

　各章の終わりの CHECK 欄では，その章で学んだ内容についての質問をしています。内容の理解ができているかを確認するために使ってください。

## 略語表 ●

● 法令名

| | |
|---|---|
| 育児介護休業法 | 育児休業，介護休業等育児又は家族介護を行う労働者の福祉に関する法律 |
| 医師 | 医師法 |
| 医療 | 医療法 |
| 医療介護総合確保<br>　推進法 | 地域における医療及び介護の総合的な確保の促進に関する法律 |
| 介保 | 介護保険法 |
| 感染症法／感染 | 感染症の予防及び感染症の患者に対する医療に関する法律 |
| 求職者支援法／<br>　求職者支援 | 職業訓練の実施等による特定求職者の就職の支援に関する法律 |
| 行訴 | 行政事件訴訟法 |
| 行手 | 行政手続法 |
| 刑 | 刑法 |
| 健保 | 健康保険法 |
| 憲法 | 日本国憲法 |
| 厚年 | 厚生年金保険法 |
| 高齢者医療確保法／<br>　高齢医療 | 高齢者の医療の確保に関する法律 |
| 高齢者虐待防止法 | 高齢者虐待の防止，高齢者の養護者に対する支援等に関する法律 |
| 国健保 | 国民健康保険法 |
| 国年 | 国民年金法 |
| 子育て支援 | 子ども・子育て支援法 |

● 裁判所等

| | |
|---|---|
| 最大判（決） | 最高裁判所大法廷判決（決定） |
| 最判（決） | 最高裁判所判決（決定） |
| 高判（決） | 高等裁判所判決（決定） |
| 地判（決） | 地方裁判所判決（決定） |
| 支判（決） | 高裁または地裁の支部判決（決定） |
| 家審 | 家庭裁判所審判 |

● 判例集等

| | |
|---|---|
| 民（刑）集 | 最高裁判所民事（刑事）判例集 |
| 労判 | 労働判例 |
| 判タ | 判例タイムズ |
| 判時 | 判例時報 |
| 賃社 | 賃金と社会保障 |
| 百選○ | 『社会保障判例百選〔第5版〕』 ＊「○」は項目番号 |

# はじめに

この本は社会保障法の教科書ですが，社会保障法とはどのような学問領域なのでしょうか。社会保障制度とは，一定のニーズが発生した場合に税金や保険料を財源として，国や地方公共団体等が金銭やサービスを提供する制度のことで，これらの制度を形作る法のことを総称して社会保障法と呼んでいます。抽象的な説明ではピンとこないかもしれませんが，病気になったときに比較的安価で治療を受けることのできる医療保険制度や，高齢になって働けなくなった場合に金銭を受給できる年金制度，生活に困ったときに利用できる生活保護制度等が，社会保障制度の具体例です。この章では，社会保障制度を法学的に考えるとはどのようなことなのかを確認したうえで，この教科書を読んでいくうえでの重要な前提知識として社会保険方式と税方式の内容について勉強しましょう。

## 社会保障法とは

　この本は社会保障法の教科書です。「社会保障法」といわれてもイメージがつかない人もいるかもしれません。法学のなかでも憲法や民法のような基本的な分野ではなく，応用的な分野だからです。しかし，社会保障法はみなさんの日常生活と密接不可分の関係にあり，みなさんも知らず知らずのうちに社会保障法によって形作られた各種の制度を利用しています。たとえば，病気やけがをしたときにいわゆる保険証を持って病院や薬局へ行きますよね。保険証を提示することで比較的安い値段で治療を受け，薬を買うことができているのですが，これは，社会保障法の一端をなす医療保険制度が整備されているからです。医療保険制度のほかにも，以下のような制度があります。

| | |
|---|---|
| 病気になったら？ | 医療保障（医療保険を含む） |
| 高齢や障害のために収入が減ったら？ | 年金 |
| 働いている際にけがをしたら？ | 労災補償（労災保険を含む） |
| 失業したら？ | 雇用保険 |
| 年をとって介護が必要になったら？ | 介護保険 |
| 障害があったら？　子どもを育てるには？ | 社会福祉・社会手当 |
| 働けるようになるには？　生活に困ったら？ | 第二のセーフティネット |
| 明日食べるものもなかったら？ | 生活保護 |

　以上のような制度を総称して社会保障制度といいます。社会保障制度とは，一定のニーズが発生した場合に，後で説明する保険料や税金等を財源として，国・地方公共団体あるいはそれらの監督下にある機関が，金銭やサービスを提供する制度のことをいい，これらの制度を形作るために当事者間の権利義務関係等を規律する法のことを総称して社会保障法といいます。

## 社会保障制度を法学的に考える

　こうした社会保障制度を研究・勉強するアプローチには，経済学や福祉学等，種々のアプローチがありえます。そのなかでもこの本は社会保障「法」の教科書ですので，法学的なアプローチを用いて勉強します。

では，法学的なアプローチとはどのようなもので，何を勉強するのでしょうか。基本的に3つの役割が考えられます。

---

**法学的なアプローチ**
① 各制度を法律の規定に沿って正確に把握・理解すること
② 当事者間で生じるトラブルについて解決手法を提示すること
③ これからの社会保障政策を考えること

---

　まず，それぞれの社会保障制度は，「すべて国民は，健康で文化的な最低限度の生活を営む権利を有する」と定める憲法25条に基づいて規定される各種の法律を根拠に出来上がっています。そのため，それぞれの法律に何が書かれているかを明らかにすることが重要です。どのような目的で，どういった仕組みの制度が成り立つか，法律の条文に沿いながら，正確に把握・理解することが，法学的なアプローチの重要な役割です。各制度では国や市町村，広域連合や健康保険組合等のさまざまな主体が登場しますので，それらはどういった主体か（国や市町村はイメージがつくでしょうが，広域連合や健康保険組合は難しいかもしれません。どのようなものかを学びます），各当事者の間にはどういった権利や義務があるのか，法律関係はどのように構成されるか等を分析します。

　後述のとおり，日本の社会保障制度の多くは，「社会保険」の仕組みを採用しています。社会保険方式とは保険料を負担したことを前提に給付の支給を認める仕組みです。そのため，誰がどのくらいの保険料をどう負担するか，あるいはどのような場合にいかなる内容の給付が支給されるかを理解する必要があります。

　法学的なアプローチの第2の重要な役割は，当事者の間で生じるトラブルに対して解決手法を提示することです。支給されるはずの給付が支給されないなど，社会保障制度に対する不平・不満があるときにどうすればよいのか，対処方法についても勉強しましょう。

　最後に，すでにみたとおり，法学的アプローチでは現行の法制度を詳しく分析することになるので，現行の制度が抱える問題点や制度に内在する課題等に気づくことができます。それらに対処するにはどのような改革が必要か，これからの社会保障政策がいかにあるべきかを考えることも重要な役割となります。

より広い観点から，制度と制度の関係性を考察し，社会保障法の特色とは何かを問い，将来の制度構想を考えるうえでの枠組みや議論の素材を提供することも社会保障法は目指しています。

## ▌本書の特徴

　これからこの教科書を使って社会保障法を勉強しますが，各章ではそれぞれの制度をみなさんが実際に利用することを念頭に置き，身近な視点から説明するように心がけています。各制度の特徴を理解し，制度同士の比較もしやすいように，各章は，基本的に右の順序で書き進めています。制度相互間の関係についても注意しながら読み進めてみてください。

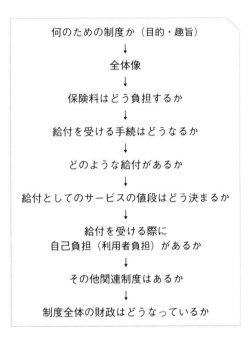

何のための制度か（目的・趣旨）
↓
全体像
↓
保険料はどう負担するか
↓
給付を受ける手続はどうなるか
↓
どのような給付があるか
↓
給付としてのサービスの値段はどう決まるか
↓
給付を受ける際に
自己負担（利用者負担）があるか
↓
その他関連制度はあるか
↓
制度全体の財政はどうなっているか

## ▌本書を読むにあたって──社会保険方式と税方式って何だろう

　社会保障制度は，一定のニーズに対して，金銭やサービスによる給付を提供する仕組みですが，各制度を運営するには財源の確保が不可欠です。財源には保険料と税金の2つがあり，どちらを主たる財源とするかによって，**社会保険方式**の制度か，**税方式**の制度かに分かれます。ここではこれらの概念について確認しましょう。

　**(1) 社会保険方式──民間保険との違い**　まず，社会保険方式は，各自が負担する保険料を主たる財源とするもので，**保険**の手法が採用されています。保険とは，一定の保険事故（たとえば病気や老齢）に備えるために，制度の運営者（**保険者**といいます）が，加入者（**被保険者**といいます）から事前に保険料を

集めて管理・運用し，それを元手に，実際に保険事故が生じた人に対して給付を支給する仕組みです。こうした保険の手法は，保険会社が販売する民間保険（私保険とも呼ばれます）にもみられますが，社会保険では「社会」と名づけられるとおり，**社会的**な側面があり，いくつかの点で民間保険との違いがあります。

---

**社会保険と民間保険の違い**

- ・強制加入か否か　・保険者の性質　・リスク計算の方法
- ・財源の柔軟性　・保険料と給付の関係　・保険者自治の観点

---

　第1に，社会保険は原則として**強制加入**です。加入したくなくても加入して，保険料を負担しないといけません。こうすることで，保険事故が生じた後で保険に入る，いわゆる**逆選択**が働くことを防止するとともに，財源を安定的に確保しています。

　第2に保険者は主として各種の**公的機関**（国や市町村，広域連合等）です。

　また，民間保険とは違って，保険の手法に修正がかかるのも社会保険の特徴です。①保険料の額を決める際，民間保険では，リスクの発生する確率が高いほど高く，低いほど低いという厳密なリスク計算が行われます（病気になりがちな人ほど，保険料が高い，あるいはそもそも加入できないことを思い出してみてください）。しかし社会保険では，このようなリスク計算は行われません。保険料は基本的に保険事故が発生するリスクの大小に関係なく，一律に決まります。やや難しい表現をすると，受ける利益（給付）に応じて負担をする「**応益負担**」というよりは，自分の負担できる能力次第で負担する「**応能負担**」が基本です。負担能力が低ければ，たとえ多くの給付を受けるとしても保険料負担は

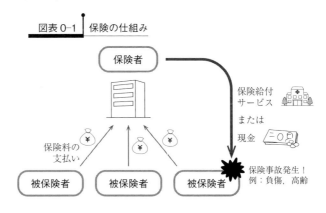

図表 0-1　保険の仕組み

保険者

保険料の支払い　¥

被保険者　被保険者　被保険者

保険給付サービスまたは現金

保険事故発生！例：負傷，高齢

軽くなります。制度を維持・運用するには，収入（負担）と支出（給付）のバランスをとる必要がありますが，個人の単位ではなく，よりマクロな観点から制度全体の収支バランスが図られているのです。そのため，②財源は必ずしも保険料に限られません。制度によっては国や都道府県等から税金が投入されることもあります。①②の結果として，③保険料を払っていなくても（たとえば国民年金保険料の免除），あるいは少ない負担であっても（たとえば医療や介護），給付を受けられます。保険の手法にこのような修正を加える社会保険方式の制度を利用することによって，社会保障制度による**所得の再分配**が可能となります。

　他方で，そうはいっても社会保険方式の基本は，保険料を負担した人にその対価として給付を支給するという考え方です。保険料を負担するなどして一定の要件を満たす場合に給付を受ける権利が生じるので，その権利は保護されてしかるべきです。保険料を負担していればいずれ給付を得られるだろうという期待も生じるでしょう。そうするとその期待を保護するように，たとえ給付を受ける権利が発生する前であっても，制度を改正して給付の削減等を行う場合にはより慎重である必要があります。また，給付は保険料の対価として得られるものなので，支給の前提として，資産（不動産等）があるかないかを調査して，あるのであれば支給しないということにはできません。

　さらに，社会保険方式では，保険料を負担する者（被保険者や企業）等が制度をどのように運営していくかについて当事者として参加し，決定に関与できる民主的な仕組みとなっていることも特徴です（**保険者自治**といいます）。医療保険制度で保険者ごとにみられる独自の上乗せ給付は，保険者自治の具体例といえるでしょう。

　**(2) 税方式**　　これに対して，税方式は，給付の主たる財源を税により確保する考え方です。給付を受給するには，事前に保険料を負担したか否かは関係ありません。税には景気の変動等によって財源が安定しないというリスクがありますし，財源となる税収入があったとしてもそのすべてを社会保障制度に費やすわけにはいかないので，税方式の制度で財源を十分に確保することは容易ではありません。そこで，制度の対象者を一定の人（たとえば所得が低い人）に限定して，効率的な運営を目指すことが多いです。制度によっては，給付を

支給する前提として資産がないかを厳密に調査し，ない場合に初めて支給を認めるものもあります。

## 日本の社会保障制度

　日本の社会保障制度を概観してみると，多くの制度で社会保険方式が採用されています。具体的には，医療保険制度，年金制度，労災保険制度，雇用保険制度，介護保険制度です。しかし，社会保険方式も万能ではありません。たとえば，事前に保険料を負担せず，それを正当化する手続（たとえば保険料免除制度の利用）も踏んでいない場合には給付は支給されません。あるいは，万人には必要ないけれど，ある特定の人（たとえば障害者や児童等）には特別な保護が必要な場合があります。このような社会保険方式の仕組みでは対応しきれないニーズに応えるために，日本では，税方式による制度も用意されています。具体的には，高齢者・障害者・児童に対して生活支援や保育等のサービスを提供する社会福祉制度や，障害者や児童を対象に金銭給付を行う社会手当制度があります。また，健康を保持して増進するために行われる保健制度として，具体的には母性や乳幼児を対象とする母子保健や昨今の新型コロナウイルス感染症対応で重要性が再認識された感染症の予防や対策等を検討する感染症対応が考えられます。

　他にも税方式の制度には職を失い生活に困った人のための第二のセーフティネット（求職者支援制度・生活困窮者自立支援制度）や最後のセーフティネットとしての公的扶助制度である生活保護制度が取り揃えられています（⇒後掲図表0-2）。

　このように，社会保険方式の制度と税方式の制度を組み合わせることによって日本の社会保障制度は構築されています。

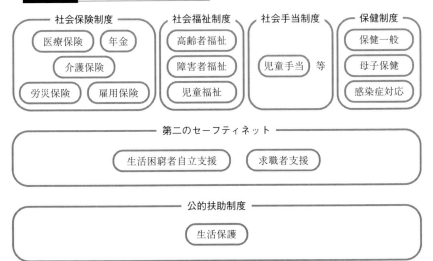

図表 0-2 日本の社会保障制度の全体像

**社会保険制度**
- 医療保険
- 年金
- 介護保険
- 労災保険
- 雇用保険

**社会福祉制度**
- 高齢者福祉
- 障害者福祉
- 児童福祉

**社会手当制度**
- 児童手当　等

**保健制度**
- 保健一般
- 母子保健
- 感染症対応

**第二のセーフティネット**
- 生活困窮者自立支援
- 求職者支援

**公的扶助制度**
- 生活保護

CHAPTER

第 **1** 章

# 医療保障

　この章では，医療保障の仕組みを学びます。みなさんは，病院や診療所に保険証を持っていけば，より少ない負担で医療サービスを受けられることを経験的に知っているでしょう。保険証を提示して医療サービスを受ける場合に，医療費の一部のみを支払えばよいのは，日本において，医療保険の仕組みが整えられているからです。この章では，この医療保険の仕組みについて解説していきます。また，医療提供体制についても，簡単に解説します。必要なときに医療サービスを受けられるよう保障すること（医療保障）は，医療にかかる費用を保障する制度（日本では，医療保険制度）と医療サービスの提供に関する制度（医療提供体制）の2つがあって，初めて可能となるからです。

　以下では，まず，なぜ医療保険制度は必要なのか，医療保険の目的はどこにあるのかについて検討します（⇒1）。その後，順に，日本にある医療保険の種類（⇒2），各医療保険における保険料負担のあり方（⇒3），医療保険でみられる法律関係と医療提供体制（⇒4），医療保険を利用して受けられる医療サービス（⇒5），医療サービスの価格（⇒6），医療サービスを受けたときの自己負担（⇒7），医療保険から支給される所得保障給付等（⇒8）について解説していきます。最後に，医療保険財政を確認して（⇒9），日本における医療保障の仕組みの全体像をつかみましょう。

# 1　制度の目的 ―どうして医療保険制度は必要なの？

　医療保険制度は，なぜ必要なのでしょうか。病気やけが等は，生活の安定を脅かす大きなリスクです。医療費の支払いが大きな負担となって降りかかることがありますし，また，病気やけが等の間は働くことができず，就労所得を得られない場合もありえます。医療保険がない場合には，これらのリスクをすべて自分自身で引き受けなければなりません。しかし，医療保険の仕組みが整えられていれば，これにより，医療費の負担が軽減されたり，傷病期間中の所得が保障されたりということが可能になります。それは，結果として，人々の**生活の安定や福祉の向上**につながります（健保 1 条[1]）。こうしたところに，医療保険の目的があるといえます。

　とりわけ，**公的医療保険**には，民間の医療保険とは異なる大きな意義があります。公的医療保険では，民間医療保険では加入が困難であったり，排除されたりする可能性のある低所得者や病気がちな人もカバーされ，医療保険からの利益を受けることができます。この点に，公的医療保険の存在意義があるといえます（本章では，特に断りがない限り，医療保険は，公的医療保険を指します）。

　ただし，病気やけが等のリスクに備える方法は，医療保険に限られません。医療費についてはすべて税財源（公費）で賄うという選択もありえますが，日本では，社会保険の仕組みが採用されています（⇒はじめに）。

# 2　医療保険の種類 ―人によって加入する医療保険が違う？

## 1　国民皆保険 ―――――――――――――――――――――――●

　日本には，たくさんの医療保険が存在しています。これは，その歴史的な経緯によります。医療保険の仕組みは，まず，ブルーカラーの労働者[2]を対象

notes ―――――――――――――――――――――――――――――
[1] 日本の医療保険は，「疾病」「負傷」「死亡」「妊娠」を保険事故（リスク）としています。ただし，労働者の業務上の傷病については，労災保険が適用されますので，労災補償の章を参照してください（⇒**CHAP. 3**）。

とするものから始まりました（1922〔大正 11〕年，健康保険法）。それが，次第に，ホワイトカラーの労働者 [3] や自営業者・農業従事者等を対象とするものへと広がっていきました。1961（昭和 36）年に，すべての市町村で自営業者・農業従事者等を対象とする強制加入の国民健康保険が始まって以降，日本では，**国民皆保険**が実現されています。国民皆保険とは，日本に安定した住所のあるすべての人が何らかの医療保険でカバーされていることを意味しています。

　医療保険には，現在，75 歳未満の人を対象とするものと 75 歳以上の人を対象とするものとがあります。前者は，さらに，職域保険（⇒**2**）と地域保険（⇒**3**）に分けることができます。75 歳未満の職域保険でカバーされない人は，地域保険に加入しなければなりません。また，75 歳以上の人は，**後期高齢者医療制度**（⇒**4**）に加入しなければなりません。こうして，日本では，国民皆保険が実現されています [4]。医療保険への加入は，強制加入です。

## 考えてみよう　　　　　　　　　　　　　　　　1-1

　　医療保険への加入は，強制加入とされています。強制加入は，個人の自由との関係で問題はないのでしょうか。強制加入の仕組みは，保険料を支払ってまで将来のリスクに備えたくない人をも医療保険に加入させることから，憲法 19 条（思想・信条の自由）や憲法 29 条（財産権保障）との関係が問題となりえます。

　　実際に，強制加入はこれらの憲法の規定に違反するとして争われた事例として，小城町国民健康保険条例事件があります。この事件において，最大判昭和 33・2・12 民集 12 巻 2 号 190 頁〔百選 7〕は，国民健康保険の目的に鑑みれば，「被保険者は，なるべく保険事故を生ずべき者の全部とすべきことむしろ当然であ」り，「町民の代表者たる町議会が絶対過半数を以て決議し，県知事の認可を受けて適法に制定された小城町国民健康保険条例 5 条が，……原則として住民全部を被保険者として国民健康保険にいわゆる強制加入せしめる……旨規定したからといつて，憲法 19 条に何等かかわりないのは勿論，その他の憲法上の自由権および同法 29 条 1 項所定の財産権を故なく侵害するものということはできない」として，強制加入の合憲性を認めました。

---
notes

[2]　ブルーカラー労働者は，生産の現場で働く労働者を指します。青い襟（カラー）の作業服を着ていることに由来します。

[3]　ホワイトカラー労働者は，一般に，知的・技術的労働についている人を指します。白い襟（カラー）のワイシャツを着ていることに由来します。

[4]　ただし，生活保護受給者は，地域保険や後期高齢者医療制度の適用から除かれます。生活保護受給者には，生活保護給付の 1 つである医療扶助が支給されます（⇒ CHAP. 8）。

## 2 職域保険

### 職域保険に分類される医療保険

　職域保険は，職業・職種等を基準として被保険者の範囲が決まる医療保険です。日本には，職域保険として，①**組合管掌健康保険**，②**協会管掌健康保険**（協会けんぽ），③**国家公務員共済**，④**地方公務員等共済**，⑤**私立学校教職員共済**，⑥**船員保険**，⑦**国民健康保険組合**があります（⇒図表1-1）。

　①は比較的大きな企業の労働者とその扶養家族が加入する医療保険で，企業が設立する**健康保険組合**が保険者です。他方，②は主として中小企業の労働者とその扶養家族が加入する医療保険で，各都道府県に支部を持つ**全国健康保険協会**が保険者です。①と②については，健康保険法が，諸々の仕組みを定めています。③は国家公務員とその扶養家族，④は地方公務員とその扶養家族，⑤は私学の教職員とその扶養家族，⑥は船員とその扶養家族が加入する医療保険で，保険者は，それぞれ，国家公務員共済組合，地方公務員共済組合，日本私立学校振興・共済事業団，上述の全国健康保険協会です。また，根拠法は，それぞれ，国家公務員共済組合法，地方公務員等共済組合法，私立学校教職員共済法，船員保険法です。①から⑥は，総称して**被用者保険**とも呼ばれます。最後に，⑦は，保険者である国民健康保険組合の地区内に住所を有している，同種の事業または業務に従事している者とその世帯に属する者が加入する医療保険です。医師や歯科医師，土木建築業の組合が，全国にわたり存在しており，地域によっては，弁護士や税理士，理容・美容師の組合もあります。⑦については，国民健康保険法が定めています。これらの医療保険は，職域連帯が基盤となって制度が成り立っているところに，特徴があります。

### 被保険者

　(1)　**健康保険の被保険者**　職域保険を代表して，①②の健康保険の被保険者について詳しくみていきましょう。健康保険の被保険者となるのは，「適用事業所に使用される者」です（健保3条1項）。**適用事業所**には，①特定の事業を営む常時5人以上の従業員を使用する事業所や，ⅱ国・地方公共団体・法人の事業所が含まれています（同条3項）。これら以外の事業所も，被保険者と

図表 1-1 医療保険の全体像

| 年齢 | 医療保険の種類 | 保険者 | 加入者<br>（被保険者・被扶養者） | 根拠法 |
|---|---|---|---|---|
| 0歳〜74歳<br>（職域保険） | 組合管掌健康保険 | 健康保険組合 | 主に大企業の労働者と<br>その扶養家族 | 健康保険法 |
| | 協会管掌健康保険<br>（協会けんぽ） | 全国健康保険協会 | 主に中小企業の労働者<br>とその扶養家族 | |
| | 国家公務員共済 | 国家公務員<br>共済組合 | 国家公務員と<br>その扶養家族 | 国家公務員<br>共済組合法 |
| | 地方公務員等共済 | 地方公務員<br>共済組合 | 地方公務員と<br>その扶養家族 | 地方公務員等<br>共済組合法 |
| | 私立学校教職員<br>共済 | 日本私立学校振興<br>・共済事業団 | 私立学校の教職員と<br>その扶養家族 | 私立学校教職員<br>共済法 |
| | 船員保険 | 全国健康保険協会 | 船員と<br>その扶養家族 | 船員保険法 |
| | 国民健康保険組合 | 国民健康保険組合 | 保険者である国民健康<br>保険組合の地区内に住<br>所を有している，同種<br>の事業または業務に従<br>事している者とその世<br>帯に属する者 | 国民健康保険法 |
| （地域保険） | 国民健康保険 | 都道府県・市町村 | 上記医療保険で<br>カバーされない者 | |
| 75歳〜 | 後期高齢者医療<br>制度 | 後期高齢者医療<br>広域連合 | 75歳以上の者 | 高齢者医療<br>確保法 |

なる人の2分の1が同意すれば，厚生労働大臣の認可を受けて適用事業所となることができます（31条）。

　被保険者は，適用事業所に使用されるに至った日や事業所が適用事業所になった日等から被保険者資格を取得します（健保35条）。事業主には，被保険者資格の**届出**が義務づけられており（48条），これを受けて，組合管掌健康保険の場合は健康保険組合が，協会けんぽの場合は厚生労働大臣が，被保険者資格の**確認**をします。この確認によって，被保険者資格の取得の効力が生じ（39条1項），被保険者証（いわゆる保険証）が交付されます（健康保険法施行規則47条）。なお，被保険者は，組合管掌健康保険の場合は健康保険組合に，協会けんぽの場合は厚生労働大臣に，被保険者資格の確認請求をすることができます（健保51条）。健康保険への加入は，労働者にとって大事なことですから，事

業主が被保険者資格の届出をしない場合には，この仕組みを利用しましょう。

**(2) 健康保険の適用拡大**　「適用事業所に使用される者」のなかで，どの範囲の人が健康保険の被保険者になれるのかは，必ずしも明らかではありませんでした。この点を明確にしつつ，健康保険の適用範囲を拡大したのが，2012（平成24）年に成立した年金機能強化法です。その後の改正も経て，2022（令和4）年10月以降は，①勤務時間・勤務日数が常時雇用者の4分の3以上の人や，これが4分の3未満であっても，②従業員数100人超の企業 [5]，または，労使の間で加入についての合意のある従業員数100人以下の企業で働いている人で，週の所定労働時間が20時間以上，月額賃金が8万8000円以上，勤務期間が2か月超（見込みを含む）であり，かつ，学生でない人が，健康保険の被保険者となります（健保3条1項9号，附則（平成24年8月22日法律第62号）46条）（⇒**CHAP. 2** ②③）。

---

**Column 1-1 ●　企業の役員の被保険者資格**

　健康保険の被保険者となるのは，「適用事業所に使用される者」です。企業の役員（代表取締役や取締役）は，「使用される者」ではなく，「使用する者」の側ですが，健康保険の被保険者になれるのでしょうか。

　企業の役員は，「使用される者」ではないため，労働基準法9条にいう「労働者」には該当しません。しかし，健康保険法上の被保険者資格はあるとされています。1949（昭和24）年に，当時の厚生省が，法人の代表者（企業の役員）への健康保険法の適用について，「法人から労務の対償として報酬を受けている者は，その法人に使用されるものとして被保険者の資格を取得することになる」という解釈通知を出しました。また，広島高岡山支判昭和38・9・23判時362号70頁〔百選12〕も，「健康保険法……のもとにおいては労使間の実勢上の差異を考慮すべき必要がなく，右……法で定める『事業所に使用せられる者』のなかに法人の代表者をも含め，……　労基法……上の『労働者』と区別することなく……保険制度を利用させることこそ，……憲法の条項〔25条〕の趣旨にかなう」との判断を示して，企業の役員の被保険者資格についての行政実務上の取扱いを追認しています。

---

notes
[5]　2024（令和6）年10月からは従業員数50人超の企業へと，適用対象がさらに拡大されます。

(3) **任意継続被保険者**　　健康保険では，退職等の事由によって被保険者資格を失った場合にも，一定の要件を満たせば，保険者に申し出て，2年を上限として従前加入していた保険の被保険者であり続けることができます。そうした人たちを**任意継続被保険者**[6]といいます（健保3条4項・37条・38条）。任意継続被保険者は，事業主との使用関係が終了しているため，保険料はすべて自分で負担しなければなりません（161条1項ただし書）。しかし，退職して国民健康保険に加入すると，その保険料負担が，それよりも高額になることがあります（⇒③**2**）。そのようなときの激変緩和措置としての機能が，任意継続被保険者の仕組みにはあります。

(4) **被用者の被扶養家族**　　健康保険では，被保険者である労働者だけでなく，彼らが扶養している家族も，当該保険によりカバーされます。すなわち，家族は，被保険者の**被扶養者**の資格で，たとえば，かかった医療費の一部を**家族療養費**の形で医療保険によって引き受けてもらうことが可能です（健保110条）。それゆえ，健康保険は，世帯単位の保険ともいわれています。

この家族には，被保険者により生計を維持する直系尊属，配偶者（事実婚[7]を含む），子，孫および兄弟姉妹や，被保険者と同一の世帯に属していて，被保険者により生計を維持している上記以外の三親等以内の親族や事実婚の配偶者の父母・子等が含まれます（⇒付録）。ただし，これらの家族は，原則として日本国内に住所を有していなければなりません（健保3条7項）。

---

1-1　　　　　　　　　　　　　　　　　　　　　**RESEARCH**

　健康保険組合が被保険者に対して行う「被扶養者非該当通知」につき，健康保険法189条1項所定の被保険者の資格に関する処分に該当するとした最高裁判決として，最判令和4・12・13（裁判所HP）があります。本事件において，どのようなことが問題となり，最高裁はどのような判示をしたのかを調べてみましょう。

---

────────────────────────────────── notes

[6]　2021（令和3）年の改正で，任意継続被保険者からの申出による資格喪失が可能となりました（健保38条7号）。

[7]　事実婚は，法律上の届出はしていないけれども，事実上，法律上の届出をした法律婚と同じような事情にある婚姻のことを指します。

## 3 地域保険 ●

### 国民健康保険

　75歳未満の人で職域保険によってカバーされていない人は，**国民健康保険**に加入します（⇒図表1-1）。国民健康保険の保険者は，都道府県および当該都道府県内の市町村（特別区[8]を含む）です（国健保3条1項）。国民健康保険が，地域保険と呼ばれるのは，このためです。

　2018（平成30）年3月までは，市町村が，国民健康保険の保険者でした。2015（平成27）年の法改正により，国民健康保険の安定的な運営のために，都道府県も，市町村とともに，国民健康保険を行うことが定められ，都道府県と市町村とが保険者になりました。新たな体制では，都道府県が，国民健康保険の財政運営の責任主体として，国民健康保険の健全な運営について中心的な役割を果たし，市町村は，被保険者の資格の取得・喪失に関する事項や，保険料の徴収等を実施する役割を負うこととなっています。

### 被保険者

　都道府県の区域内に**住所**を有する人で，他の医療保険によってカバーされていない人が，当該都道府県・市町村の行う国民健康保険の被保険者です（国健保5条）。被保険者資格は，当該都道府県の区域内に住所を有するに至った日または他の医療保険でカバーされなくなった日に取得します（7条）。世帯主が，その世帯に属する被保険者の被保険者資格について**届出**をし（9条），市町村が，それを受けて被保険者証を交付します（国民健康保険法施行規則6条）。国民健康保険では，健康保険でみられたような被扶養者の仕組みは存在せず，対象となる人はすべて，被保険者として国民健康保険に加入します。

---

### Column 1-2 ● 外国人の国民健康保険への加入

　国民健康保険の被保険者資格は，市町村等（2015〔平成27〕年改正前）に「住所を有する」ことによって発生していました（国健保5条）。この「住所を

---

notes

[8]　東京23区を指します。

有する」か否かということが問題となった事案として，不法在留外国人の事例があります。

　東京高判平成 14・2・6 民集 58 巻 1 号 302 頁は，国民健康保険法 5 条の「住所」概念には在留資格の存在が当然に内包されるので，在留資格を有しない不法滞在者には被保険者資格は認められないという判断を示しました。これに対し，最判平成 16・1・15 民集 58 巻 1 号 226 頁［百選 16］は，高裁の判断を覆して，「当該市町村の区域内で安定した生活を継続的に営み，将来にわたってこれを維持し続ける蓋然性が高いと認められ」れば，不法在留外国人であっても国民健康保険法 5 条にいう「住所を有する者」にあたるとしました。

　高裁判決を覆した最高裁の判断は，大いに注目されましたが，最高裁は，その一方で，判決のかっこ書の傍論部分 [9] で「施行規則又は各市町村の条例において，在留資格を有しない外国人を適用除外者として規定することが許される」ともしました。これを受けた 2004（平成 16）年の国民健康保険法施行規則の改正によって，①出入国管理及び難民認定法上の在留資格がない者，②在留期間が 1 年未満の者（更新等により 1 年以上の在留が確実な者を除く），③外国人登録を受けていない者は，国民健康保険法の適用除外とされたため（当時 [10]），現在では，上記最高裁判決の意義は失われています。

# 4　後期高齢者医療制度

## ┃後期高齢者医療制度

　**後期高齢者医療制度**は，2006（平成 18）年に改正された高齢者医療確保法によって創設されたものです（2008〔平成 20〕年 4 月施行）。かつては 75 歳以上の**後期高齢者**も，職域保険または地域保険のいずれかに加入していました。しかし，現在では，都道府県を単位とする**後期高齢者医療広域連合**（以下「広域連合」[11] といいます）を保険者とする特別な制度が，75 歳以上の人を対象として

――――――――――――――――――――――――――――――――――――――― notes

[9]　判決の結論（主文）の直接の理由とはならない部分のことをいいます。
[10]　住民基本台帳法の改正に伴い，外国人登録制度は，2012（平成 24）年 7 月より廃止され，新たに在留カードの仕組みが導入されています。また，これに伴い，現在は，3 か月以上の在留期間を有する外国人が，国民健康保険の加入対象とされています。

作られています（高齢医療47条・48条）（⇒図表1-1）。こうした制度が設けられた背景には，人口の高齢化による高齢者にかかる医療費の増大がありました（⇒ Column 1-5）。

### 被保険者

　75歳以上の後期高齢者[12]が，住所を有している都道府県の広域連合が行う後期高齢者医療制度の被保険者です（高齢医療50条）。被保険者資格は，75歳になったときに取得し（52条）[13]，被保険者本人またはその世帯主が，被保険者資格の**届出**をします（54条）。それを受けて，広域連合が被保険者証の交付を行います（高齢者医療確保法施行規則17条）。

## ③ 保険料の負担 ─保険料は，どのように決まるの？

　加入する医療保険がわかったところで，次に，各医療保険における保険料負担について確認していきます。保険料負担のあり方は，医療保険ごとに異なっていますが，それは，労働者や公務員と自営業者等，さらには，後期高齢者とそれ以外の人とでは，所得把握の難しさや保険料負担能力等が異なっているからです。健康保険と国民健康保険，後期高齢者医療制度の保険料負担についてみてみましょう。

### 1　健康保険 ───────────────────────●

### 保険料

　健康保険では，保険料は，被保険者が事業主から受け取る報酬（給与・賞与）に保険者ごとに設定される**保険料率**を乗じた額となります（健保156条・

notes ─────────────────────────────────●

[11]　広域連合とは，複数の地方公共団体によって，広域の行政事務を共同で行うことを目的として設置される特別地方公共団体の1つのことをいいます。
[12]　65歳以上75歳未満の者で，寝たきり等政令で定める程度の障害の状態にある旨の認定を受けた者も後期高齢者医療制度の被保険者となれます。
[13]　75歳以上で都道府県をまたいで引っ越したときは，引っ越した先の都道府県に住所を有するに至ったときに，当該都道府県の広域連合の被保険者資格を取得します。

160 条)。たとえば，毎月の給与（正確には次で説明する標準報酬月額）が 30 万円で保険料率が 9% の場合，2 万 7000 円が健康保険の保険料月額になります。この保険料を事業主と被保険者が折半して負担します（事業主の負担割合が多い場合もあります）。保険料は，事業主が，被保険者本人が負担する分（給与から天引き）もまとめて保険者に支払います（161 条）。

　保険料率は，保険者ごとに異なりますが，2022（令和 4）年度の組合管掌健康保険の保険料率の平均は 9.26%，協会けんぽの保険料率（都道府県ごとに異なります）の平均は 10.0% でした。

## ▍標準報酬▍

　保険料の算出のベースとしては，**標準報酬**が使用されています。標準報酬には，報酬の月額を区切りのよい幅で区分した標準報酬月額と，賞与から千円未満を切り捨てた標準賞与額とがあります。標準報酬月額は，第 1 級の 5 万 8000 円から第 50 級の 139 万円までの 50 等級に区分されています（健保 40 条・45 条）。たとえば，毎月の給与が 29 万円以上 31 万円未満の人の標準報酬月額は，第 22 級の 30 万円となり，この 30 万円に保険料率がかけられて保険料の月額が算出されます。なお，毎月の給与が 135 万 5000 円以上の人の標準報酬月額は，すべて第 50 級となります（年度の標準賞与額の合計にも上限があり，それは 573 万円とされています）。こうした標準報酬の仕組みにより，保険料の負担には，上限があることとなっています。医療サービスを受ける利益に比して負担が重くなりすぎるのを防ぐためです。

## ▍保険料負担の減免▍

　産前産後休業や育児休業の期間中の健康保険の保険料は，事業主が，組合管掌健康保険の場合は健康保険組合に，協会けんぽの場合は厚生労働大臣に申出をすることによって，事業主負担・被保険者負担ともに免除されます（健保 159 条・159 条の 3）（⇒ CHRP. 23 ）。免除期間中も，健康保険を使って医療サービスを受けることができます。

## 2 国民健康保険 —————————————————— ●

### 保険料

　国民健康保険では，保険料は，世帯ごとに決まる**応益割**（世帯ごとの被保険者数[14]に応じた定額負担）と**応能割**（所得等の多寡に応じた負担）の組み合わせによって決まります（国健保 76 条 1 項，同法施行令 29 条の 7）。詳細は，市町村が，条例で定めます（国健保 81 条）（⇒ @ 1）。計算は，健康保険と比べて複雑ですが，この組み合わせで算出された保険料額を世帯主が代表して，保険者に支払うことになります（76 条 1 項）。この保険料は，国民健康保険税（地税 703 条の 4）という形で徴収することも可能です（国健保 76 条 1 項ただし書）。

　2020（令和 2）年度の平均保険料は，被保険者 1 人あたりの年額で，8 万8862 円でした。なお，国民健康保険では，市町村が保険者であった当時，市町村の人口構成や規模等に差があるため，市町村ごとに保険料の額のばらつきが大きいという問題が生じていました。この点に関しては，上述の 2015（平成 27）年の改正で都道府県が財政運営の責任主体となったことに伴い（⇒ ❷ 3），まずは，同一都道府県内における保険料負担を将来的に平準化していくことが目指されています。

> **1-2** **RESEARCH**
>
> 　保険料は，税金とは異なるものですが，憲法 84 条が定める租税法律主義との関係は，どのように考えられているのでしょうか。この点について判示した最高裁判決として，旭川市国民健康保険条例事件・最大判平成 18・3・1 民集 60 巻 2 号587 頁 [百選 8] があります。最高裁が，どのような判示をしたのか，租税と社会保険料の相違に留意しながら調べてみましょう。

### 保険料負担の減免・猶予

　国民健康保険では，低所得者を含むさまざまな者の加入が見込まれることから，保険料の**減免**や**猶予**の仕組みが設けられています。たとえば，低所得者に

notes —————————————————————————————————————

[14] 2021（令和 3）年の改正で，子育て世帯の経済的負担を軽減する観点から，未就学児に係る均等割額を 2 分の 1 減額し，それを公費で支援する制度が創設されました。

ついては，所得水準に応じて，上記の応益割の一部（2割から7割）が軽減されます（国健保81条，同法施行令29条の7第5項）。これは，恒常的に低所得である者の応益的負担に配慮する仕組みといえます。また，会社の倒産等で会社をやむをえず退職した人については，前年の給与所得を100分の30として保険料の計算がなされます。その結果，上記の応能割の所得割額が7割軽減されることになります（国健保81条，同法施行令29条の7の2）。さらに，課された保険料が支払えないというような特別な理由がある場合（たとえば，災害等により生活が著しく困難となった場合等）にも，保険料の全部または一部が免除されたり，保険料の徴収が猶予されたりします（国健保77条）。

　なお，最後に挙げた国民健康保険法77条の定める保険料減免の仕組みは，保険料負担の一時的な減少・喪失に対応するための仕組みであるとの解釈がなされ，これを定める条例において，恒常的な生活困窮者をその対象としない取扱いがなされてきました。この点について，最大判平成18・3・1民集60巻2号587頁［百選9］は，「条例……が，……恒常的に生活が困窮している状態にある者を保険料の減免の対象としないことが，法77条の委任の範囲を超えるものということはでき」ず，「憲法25条，14条に違反しない」との判断をしています。

## ┃資格証明書┃

　以上のような保険料負担の減免・猶予の仕組みがあるものの，国民健康保険では，低所得者を含むあらゆる人が対象となることや，世帯主が保険料を納付する仕組みになっていること（被保険者に代わって手続をしてくれる事業主がいないこと）から，保険料の未納が生じえます。

　保険料を未納にしていると，被保険者証の返還を求められ，代わりに**被保険者資格証明書**が支給されます。これにより，保険料が未納の場合にも，形式的には引き続き被保険者であり続けることができます。しかし，受診の際に支払うべき自己負担は10割（すなわち全額自己負担）で，事後的に，かかった医療費の自己負担分を除く部分が，特別療養費として保険者から償還されることとなります（国健保54条の3）（⇒④1）。ただ，保険者から償還される分は，滞納していた保険料債務と相殺されるため，被保険者に戻ってくる金額はほとん

どありません。そのため，保険料未納者は，受診行動を回避する可能性が高くなります。この点は，特に，子どもについて問題視され，現在では，18歳に達する日以後の最初の3月31日までの間にある若年被保険者については，有効期間を6か月として交付される被保険者証（**短期被保険者証**）により一部負担のみで受診することが可能とされています（9条3項～6項）。

## 3　後期高齢者医療制度 ————————————————●

### 保険料

　後期高齢者の保険料は，被保険者1人ひとりに課せられる**均等割**（応益割）額と所得に応じて求められる**所得割**（応能割）額の合計で決まります（高齢医療104条，同法施行令18条）。詳細は，広域連合の条例で定められます（高齢医療115条）。2022-23（令和4-5）年度の保険料の平均は，年額7万7663円でした。

　この保険料負担についても，低所得者に配慮し，世帯の所得に応じた軽減措置が設けられています（同法施行令18条4項）。また，職域保険の被扶養者になっており，個別に保険料を負担する必要のなかった者が75歳になって，新たに保険料を負担することとなった際の軽減措置も用意されています（同条5項）。

## 4　医療保険の法律関係と医療提供体制
—安く医療サービスが受けられるのは，なぜ？

　さて，医療保険に加入して，保険料を支払っていると，病気やけがをした際に，より少ない自己負担で保険医療機関から医療サービスを受けることができます。続いて，その際の法律関係を確認していきます。ここでは，医療保障の実現に必要なもう1つの軸である医療提供体制についても確認します。

# 1 医療保険の法律関係 ●

## 現物給付方式

**(1) 医療サービスの提供と医療費**　医療保険の被保険者は，多くの場合，図表 1-2 にある法律関係のもとで，医療サービスを受けます。将来の患者である被保険者は，あらかじめ，病気やけがのリスクに備え保険者に保険料を支払っておきます（①）。そして，実際に病気になったりけがをしたりしたときに，保険医療機関（⇒**2**）から医療サービスを受け，かかった医療費の一部を自己負担分（⇒*7*）として支払います（②）。このとき，患者と保険医療機関の間では，診療契約が締結されます。日本の医療保険では，患者は，どの保険医療機関と診療契約を締結してもよいこととなっています（フリーアクセスの保障）[15]。自己負担した部分以外の医療費は，保険医療機関が保険者に請求して，保険者が診療報酬として保険医療機関に支払ってくれます（③・④）（⇒(2)）。

このとき，被保険者には，医療サービスそのもの[16] が，現物として支給されています。それゆえ，この法律関係は，**現物給付方式**と呼ばれています。現物給付方式の大きなメリットは，被保険者は，医療サービスを受けたときに，保険医療機関に対して高額の医療費を支払う必要がなく，自己負担分のみを支払えばよいことにあります。

**(2) 審査支払機関**　医療サービスにかかった費用のうち自己負担分を除く部分は，保険者から保険医療機関に支払われます。日本には，非常にたくさんの保険者と保険医療機関が存在します。それぞれが個別にやりとりをすると，その事務作業は大変なこととなります。そこで，保険者は，請求された診療報酬の審査・支払い事務を**審査支払機関**に委託することが可能となっています

---

notes

[15] 生活保護の場合には，その指定医療機関で医療リービスを受ける必要があります。日本の医療機関のほとんどが保険医療機関としての指定（⇒**2**）を受けていますが，生活保護の指定を受けている医療機関の数は限られています。

[16] これを「療養の給付」といいます。療養の給付には，①診察，②薬剤または治療材料の支給，③処置，手術その他の治療，④居宅における療養上の管理およびその療養に伴う世話その他の看護，⑤病院または診療所への入院およびその療養に伴う世話その他の看護が含まれます（健保 63 条 1 項，国健保 36 条 1 項，高齢医療 64 条 1 項）。

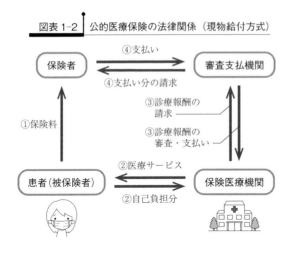

図表 1-2 公的医療保険の法律関係（現物給付方式）

- ①保険料
- ②医療サービス
- ②自己負担分
- ③診療報酬の請求
- ③診療報酬の審査・支払い
- ④支払い
- ④支払い分の請求

保険者／審査支払機関／患者（被保険者）／保険医療機関

（図表 1-2③・④）（健保 76 条 5 項，国健保 45 条 5 項，高齢医療 165 条の 2）[17]。

審査支払機関は，**レセプト**と呼ばれる診療報酬明細書に記載された診療行為や使用された薬剤等が，保険診療（⇒⑤**1**）として適切であるか否かの確認も行います。確認の結果，過剰な診療行為や不適当な診療行為がなされていた場合には，診療報酬の減額措置（**減点査定**）が行われることもあります（⇒⑥）。その場合は，請求した金額の全額は支払われません。審査支払機関は，保険診療の適切性について統制する機能を有しているといえます。

## 金銭給付（償還払い）方式

医療保険のあり方としては，現物給付方式のほかに**金銭給付（償還払い）方式**があります（⇒図表 1-3）。金銭給付（償還払い）方式では，将来の患者である被保険者は，現物給付方式と同様に，あらかじめ，傷病リスクに備え保険者に保険料を支払っておきます（①）。そして，実際にリスクが生じたときに，医療機関から医療サービスを受け，かかった費用の全部を支払います（②）。その後，かかった医療費のうち保険で負担してもらえる部分を保険者に請求し（③），保険者がそれを被保険者に償還します（④）。

金銭給付（償還払い）方式では，被保険者である患者は，いったん医療費の全部を負担しなければなりません。それが患者の受診行動を抑制することにもなりえます。こうした理由もあって，日本では，金銭給付（償還払い）方式で

notes

[17] 審査支払機関として，健康保険は社会保険診療報酬支払基金に，国民健康保険や後期高齢者医療制度は国民健康保険団体連合会に委託することが多いです。

はなく，現物給付方式が採用されています。

ただし，日本の医療保険においても，高額療養費制度（⇒⑦**2**）や家族療養費制度（⇒②**2**）等，金銭給付（償還払い）方式をとる制度が存在しています。しかし，そのほとんどが，現在，保険

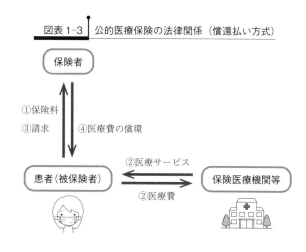

図表 1-3 公的医療保険の法律関係（償還払い方式）

医療機関による代理受領の仕組み（⇒**CHRP.5**⑤**2**）により，現物給付化されています。現在，金銭給付（償還払い）方式が最も利用されているのは，海外療養費[18] です。

## 2 医療提供体制

### 保険医・保険医療機関

医療保険から提供される医療サービスは，**保険医療機関**として指定を受けた医療提供施設（病院や診療所[19]）において，**保険医**として登録を受けた医師により，提供されます（健保63条・64条）。**図表1-2・1-3**で保険医療機関という表現が使われていたのは，このためです。保険医療機関としての指定を受けていない医療提供施設において，あるいは，保険医として登録を受けていない医師から受けた医療サービスは，全額自己負担となります。ただし，保険者がそれをやむをえないと認めるときには，療養費の支払いがなされます（健保87条，国健保54条，高齢医療77条）。前述の海外療養費がその例です。

───────── notes

[18] 海外旅行中や海外赴任中に急な病気やけがでやむをえず現地の医療機関で診療等を受けたときに，申請により一部医療費の払い戻しが受けられる制度です。
[19] 病院は，病床数が20床以上の施設を指し，診療所は，入院施設がないか，あるいは，病床数が19床以下の施設を指します（医療1条の5）。

保険医療機関の指定は，厚生労働大臣が行います（健保65条）。医療提供施設は，指定を受けないこともできますが，指定を受けずにその経営を成り立たせることは，現実には非常に困難です。そのため，多くの医療提供施設（病院・診療所）が，保険医療機関の指定を受けて医療サービスの提供をしています。他方，保険医の登録は，医師の申請により行われます（71条）。

---

### Column 1-3 ● 保険医療機関の指定

　医療保険の仕組みが深く浸透している日本において，保険医療機関の指定を受けずに，病院や診療所の経営を行っていくことは，非常に難しいことです。実際，保険医療機関の指定拒否に関して訴訟が存在しています。

　病院を開設したい場合は，医療法に基づいてその開設申請を行い，都道府県知事による開設許可を得なければなりません（医療7条）。その際，知事は，医療計画（⇒後記参照）の達成のために必要があれば，病院開設の中止勧告をすることができます（30条の11）。この中止勧告は，行政指導（⇒**RE-SEARCH 1-2**）にすぎないため，これに従うか否かは開設申請者にゆだねられています。しかし，これに従わない場合に，病院開設は許可しつつ，保険医療機関の指定を拒否することが行われていました。中止勧告に従わないことは，保険医療機関の指定の拒否事由である「保険医療機関……トシテ著シク不適当ト認ムルモノナルトキ」（健保43条ノ3第2項〔当時〕）に該当すると考えられたからです。

　こうした取扱いに不服を覚えた病院開設者が，指定拒否処分の取消しを求めて訴訟を提起しました。憲法22条が保障する職業選択の自由や営業の自由との関係も論点になり，最高裁がどのような判断を下すのか，注目が集まっていましたが，最判平成17・9・8判時1920号29頁〔百選11〕は，「医療法……の規定に基づき病院の開設を中止すべき旨の勧告を受けたにもかかわらずこれに従わずに開設された病院について，健康保険法43条ノ3第2項〔其ノ他保険医療機関……トシテ著シク不適当ト認ムルモノナルトキ〕〔当時〕……に当たるとして同項により保険医療機関の指定を拒否することは，公共の福祉に適合する目的のために行われる必要かつ合理的な措置ということができるのであって，これをもって職業の自由に対する不当な制約であるということはできない」として，取消請求を棄却しました。

　この事件等を経て，現在では，健康保険法65条4項2号において，「勧告

に従わないこと」が，指定拒否事由として明確に定められるに至っています。

1-3　　　　　　　　　　　　　　　　　　　　RESEARCH

　行政指導である病院開設の中止勧告を受けた段階で，当該中止勧告の違法性を争う
余地はあるのでしょうか。病院開設中止勧告の処分性について，最判平成 17・7・
15 民集 59 巻 6 号 1661 頁 [百選 21] を参照しながら検討してみましょう。

## 医師による業務独占

　医療行為の実施は，医師と歯科医師のみに許されています（**医業独占**）（医師
17 条）。医師は，すべての医療行為が可能で，医師以外の医療従事者の医療行
為については，原則として医師の関与が必要です。たとえば，看護師が医療行
為を行う場合は，医師の指示や指導，立ち合い，指示書などが必要となります。
　このような業務独占に関しては，大阪高判昭和 27・2・16 刑集 7 巻 11 号
2273 頁が，医師法 17 条の趣旨は，「医療行為が一般公衆衛生上重大な影響あ
るに鑑み，……無免許者の医業を一般的に禁止し，もつて無免許医の冒すこと
あるべき社会保健上の危険を抽象的段階において防止しようとするにある」と
述べています。

## 医療計画と地域医療構想

　提供される医療サービスの供給の調整においては，都道府県が定める**医療計
画**が重要な役割を果たしています。日本では，医療サービスの供給の大半を公
立病院ではなく民間の医療機関にゆだねてきたため，医療サービスの偏在とい
う問題が生じました。そこで，医療サービスの供給をコントロールすることも
目的の 1 つとして，1985（昭和 60）年法改正で，医療計画（医療 30 条の 4）が
導入されました。医療計画には，医療の確保のための目標に関する事項や医療
連携体制に関する事項等さまざまな事項が示されます。
　なお，2014（平成 26）年に成立した医療介護総合確保推進法によって，この
医療計画のなかで，**地域医療構想**も策定されることになりました。地域医療構
想では，地域における医療機関の機能分化・連携を進める観点から，医療提供

体制の将来のあるべき姿が策定されます。良質かつ適切な医療を効率的に提供する体制を確保していくことは大きな課題となっています。

# 5 医療保険で保障される医療
## ―医療保険で受けられる医療サービスの範囲は？

　以上のような医療提供体制のもと，医療サービスが提供されています。それでは，提供されている医療サービスそのものは，どのようなものなのでしょうか。日本では，国民が必要とする医療は，医療保険でカバーすることが基本理念とされています。しかし，あらゆる医療サービスを医療保険の仕組みを通じて受けられるわけではありません。

## 1 保険診療

### 保険診療の内容

　医療保険の仕組みを通じて提供される医療サービスは，一般に**保険診療**と呼ばれています。保険診療に対比されるのが**自由診療**で，自由診療の場合は，かかった医療費のすべてが自己負担となります。

　保険診療は，公的な仕組みを通じて提供されることから，それにふさわしい内容（有効性や安全性が保障されているもの）であることが求められます。それゆえ，その内容は，厚生労働大臣が省令の形式で定めることとなっています。具体的には，厚生労働大臣が制定する「保険医療機関及び保険医療養担当規則」と「健康保険法の規定による療養に要する費用の額の算定方法」（以下「算定告示」といいます）で定められています。複雑にみえますが，簡単に言ってしまえば，算定告示の別表第一「**診療報酬点数表**」で点数化されている医療行為が，保険診療ということになります[20]。

　日本では，国民が必要とする医療はほとんど点数化されていると言ってよい

notes

[20]　医薬品については，薬価基準に収載されることで医療保険の対象となります。なお，薬価基準に収載されるためには，その前提として，当該医薬品が，薬機法（医薬品，医療機器等の品質，有効性及び安全性の確保等に関する法律）上の承認を受けている必要があります。

でしょう。点数化されていないものとしては，美容整形があります。また，通常の分娩時に提供される医療サービスも点数化されていません[21]（ただし，出産育児一時金の支給があります⇒⑧**2**）。さらに，最先端の医療サービスも点数化されていません。しかし，これについては，有効性や安全性が確認されると，点数化され，保険診療として認められることとなります（⇒下記参照）。

　なお，点数化され，私たちが受けることのできる保険診療の内容は，加入している医療保険の種類によって異なるということはありません。保険者はたくさん存在していますが，保険診療の内容は一元化されています。

### 保険診療の決め方

　どのような医療行為を保険診療とするかは，**中央社会保険医療協議会**（中医協）での審議を経て決められます（健保82条）。中医協は，厚生労働大臣の諮問機関で，公益委員，診療側委員（医師の代表等），支払い側委員（保険者である健保組合の代表等）の3者で構成されています。ここでの審議を経て，上述の算定告示が改正されます。なお，算定告示は，保険診療の範囲のみならず，医療サービスにかかる費用の算定要件（施設・人員基準，提供上限やその条件）の設定や支払い方法の変更等を通じて，保険診療の質や量もコントロールしているということができます（⇒⑥**1**）。

## 2　保険外併用療養費制度

### 混合診療の原則禁止

　日本の医療保険では，**混合診療**が原則として禁止されています。混合診療とは，保険診療として認められていない自由診療を保険診療と同時に受けることをいいます。そして，混合診療の禁止は，このような形で医療サービスを受けた場合，保険診療として認められた部分も含め，すべてが医療保険の適用外（自由診療）となるということを意味します。混合診療が禁止されているのは，

---

notes

[21] 不妊治療は，従来，保険の適用対象外でしたが，2022（令和4）年4月から，有効性・安全性が確認された一般不妊治療および生殖補助医療について，保険適用がなされることとなりました。

これを自由に認めると，診療の有効性や安全性が確保できなくなることや，保険診療の範囲が広がっていかなくなること，不当な患者負担が生じること等が懸念されているからです。有効性や安全性の確保された保険診療を充実させていき，長い目でみると患者の負担が軽くなることを目的として，混合診療は原則として禁止されているということができます。

### ▌保険外併用療養費▌

　しかし，混合診療が認められない場合，保険診療分までが自由診療となるため，短期的視野でみると患者の負担が増えるという側面があります。そこで，混合診療の禁止にも例外が設けられています。それが，**保険外併用療養費**の仕組みです。これは，自由診療として次の３つのいずれかを受けた場合には，保険診療の対象部分については，保険給付の対象とするというものです。①高度先進医療で，保険診療の対象とするか否かについて評価を行うことが必要な療養として厚生労働大臣が定めたもの（**評価療養**），②患者からの申出があった高度先進医療で，保険診療の対象とするか否かについて評価を行うことが必要な療養として厚生労働大臣が定めたもの（**患者申出療養**），③患者の選好に基づく特別の病室の提供等の厚生労働大臣が定めたもの（**選定療養**）の３つです。自由診療としてこれらを受けた場合には，保険診療にかかる費用のうち自己負担部分を除いた部分が，保険外併用療養費として患者に支払われます（健保86条，国健保53条，高齢医療76条）。こうした例外の仕組みが存在する趣旨に鑑みて，混合診療は原則として禁止されていると解されています。

---

**1-4**　　　　　　　　　　　　　　　　　　　　**RESEARCH**

　混合診療を禁止する旨の文言が，具体的に法律のなかに存しているわけではありません。そのため，がん治療を受けていた患者が，医療保険の適用外の治療を受けた場合にも，保険診療部分については保険でカバーされる権利があるはずだとして，訴訟を提起しました。この訴訟において，最高裁はどのような判断を下したのか，調べてみましょう（最判平成23・10・25民集65巻7号2923頁［百選29］）。

　また，混合診療に関しては，これを認めるか認めないかについて活発な議論がなされています。この議論は，結局のところ，日本の医療保険をどのようなものとしたいのかという議論に置き換えることができます。混合診療を解禁すると，医療保険の仕組みにどのような影響が生じるのでしょうか。混合診療の解禁に慎重な立場をとる人

たち，反対に解禁に積極的な人たちは，それぞれ，その立場をとる理由として，どのようなことを挙げているのでしょうか。調べてみましょう。

# 医療サービスの価格
## —医療サービスの値段は，決まっているの？

　医療サービスには公定価格があり，医療機関が，医療サービス市場で自由に価格を決められるわけではありません。病院や診療所で医療費を支払った際に，**資料1-1**のような領収書をもらったことがあるのではないでしょうか。この領収書を見ると，医療サービスの値段がわかるようになっています。以下で，医療サービス（保険診療）の価格がどのように決まっているのかを確認しましょう。

## 1　診療報酬

　保険診療の価格，すなわち，診療報酬は，算定告示の別表第一「診療報酬点数表」（⇒§1）で決まっています。点数表は，医療サービスの「公定料金表」

**資料1-1**　病院でもらう領収書

| | | | | | | | | |
|---|---|---|---|---|---|---|---|---|
| **外　来　　領　収　書** | | | ○○県○○市○○町○-○<br>○○○○病院<br>○○年　○月　○日　請求No　○ | | | | 領収印 | |
| フリガナ<br>氏　名 | ○○○○ ○○○○<br>　　　　　　　殿 | | | 診療料　救　外<br>負担割合　30% | | | | |
| 患者番号 | ○○○○○○ | | | 管理No　○○○○○○○ | | | | |
| 請求期間 | ○○年　○月　○日 ～ ○○年　○月　○日 迄 | | | 病　検 | | | | |

| 保険診療区分 | 初・再診料 | 医学管理等 | 在宅医療 | 検　査 | 画像診断 | 投　薬 | 注　射 | リハビリテーション | 処　置 |
|---|---|---|---|---|---|---|---|---|---|
| | 762点 | 200点 | 点 | 点 | 点 | 77点 | 69点 | 点 | 点 |
| | 手術・輸血 | 麻　酔 | 放射線治療 | 病理診断 | 歯冠修復・欠損補綴 | 歯科矯正 | | | |
| | 点 | 点 | 点 | 点 | 点 | 点 | | | |
| | 入院料等 | DPC包括 | | | 保険点数合計 | 保険点数負担額 | 一部負担金 | 公費一部負担金 | 食事療養費 |
| | 点 | 点 | | | 1,108 点 | ① 3,320円 | ② 円 | ③ 円 | ④ 円 |
| 自己負担分 | 室料差額 | 文書料 | 非課税健診等 | 課税健診検査等 | 搬送費・外来食 | 病衣・タオル等 | その他非課税 | 選定療養費等 | 電話等通信費 |
| | 円 | 円 | 円 | 円 | 円 | 円 | | | |
| | その他 | | | | | | 外税対象 | 外税額 | 白費負担合計額 |
| | 円 | | | | | | 円 | 円 | 円 |
| | | | | | | | 合 計 請 求 額 | | |
| | | | | | | | ①+②+③+④+⑤ | | 3,320 円 |

ということができます[22]。

　**資料 1-1** は，じんましんがでて，夜間救急外来を受けた人が病院で受け取った領収書です。初・再診料のところに 762 点と記載があります。762 点は，診療報酬点数表で定められている夜間救急外来で初診を受けた場合の点数[23] ですが，保険診療の価格は，まさに，この点数で決まっています。すなわち，この点数に 10 円を乗じた額が，診療報酬となります（1 点単価は 10 円で固定されています）。この領収書からは，夜間救急外来（初診）に 7620 円，医学管理等に 2000 円，投薬に 770 円，注射に 690 円がかかったことがわかります。領収書と一緒に渡される診療明細書を見ると，より細かい点数の内訳もわかります。

　なお，診療報酬の支払いでは，**出来高払い**と**包括払い**が併用されています。出来高払いは，個々の医療行為の点数を積み上げていく方式です。医師の裁量が尊重されるという長所がある一方で，過剰診療を招きやすい短所があります。そのため，1980 年代以降，医療サービスの包括払い化が検討されていきました。包括払いは，医療サービスを一括りにして評価して，診療群分類ごとに設定した包括点数を基本として，診療報酬の計算をするものです。簡単に言うと，この病気であれば 1 日あたり○○円，という計算の仕方がなされるのが包括払いです。2003（平成 15）年度からは，一定の基準を満たした病院における急性期入院医療を対象として DPC（診断群分類）による包括払いが導入されています。

## 2　診療報酬改定の手続———————————————————●

　診療報酬は，上述の中医協における審議を経て，2 年ごとに改定されます。その都度，点数の全面的な見直しがなされています。この点数の見直しは，医療費をどのように配分するか（病院・診療所間の配分や診療科間の配分等）という重要な論点を含むものです。また，診療報酬の点数や算定要件を変えること

---

notes ————————————————————————————————————●

[22]　医薬品の値段にも公定価格があり，それは薬価基準で決められています。
[23]　より正確には，初診料 282 点と深夜加算 480 点とを合計した点数です（2017〔平成 29〕年当時）。

で，保険医療機関の行動を政策誘導することも可能となっています。たとえば，2022（令和4）年度の診療報酬改定では，①新型コロナウイルス感染症等にも対応できる効率的・効果的で質の高い医療提供体制の構築，②安心・安全で質の高い医療の実現のための医師等の働き方改革等の推進，③患者・国民にとって身近であって，安心・安全で質の高い医療の実現，④効率化・適正化を通じた制度の安定性・持続可能性の向上が，改定の基本方針として示されました。点数は，これらの方針に沿うように変更されています。

　加えて，この点数の改定率の調整によって，医療費の総額をコントロールすることも可能となっています。

# 7 医療費の自己負担
## ―実際に病院で支払うのは，どのぐらい？

　医療サービスの価格は，以上のように決まっています。医療保険は，これに基づいて計算される医療費の一部を保障してくれますが，残りは，患者自身が負担しなければなりません。自己負担（一部負担金）をどのように設定するかは，制度設計上，非常に重要なことといえます。それは，患者の受診行動にも影響を与える可能性があるからです。

## 1　定率負担 ●

　現在の日本の医療保険では，医療サービスを受けた際の患者の**自己負担**は，**定率負担**となっています（⇒図表1-4）。自己負担の率は，年齢により異なっており，義務教育就学前の6歳児までは2割，義務教育就学児から70歳までは3割，70歳以上75歳未満の者は2割，75歳以上の後期高齢者は1割負担です。ただし，70歳以上の高齢者のなかでも，現役並みの所得がある人（課税所得額が145万円以上の者等）

**図表1-4　定率負担の割合**

| 年齢 | 負担割合 |
|---|---|
| 義務教育就学前 | 2割 |
| 義務教育就学後～70歳未満 | 3割 |
| 70歳～75歳未満 | 2割 |
| 75歳以上 | 1割 |

＊ ただし70歳以上で，現役並みの所得がある者の負担割合は3割。また，75歳以上で一定以上の所得がある者の負担割合は2割。

の自己負担は3割であり，75歳以上で一定以上の所得がある者の自己負担は2割です（健保74条・110条，国健保42条，高齢医療67条）。かつては，加入している医療保険によって，また，被保険者か被扶養者かによって，自己負担率が異なっていましたが，現在では，こうした相違はなくなりました。

自己負担の存在は，医療費に対するコスト意識の喚起に役立つと同時に，不足する医療保険財政を補うことにも役立っています。なお，保険者は，災害等の特別な理由がある場合について，自己負担分の減免を認めることができます[24]（健保75条の2，国健保44条，高齢医療69条）。

---

1-5 　　　　　　　　　　　　　　　　　　　　　　　**RESEARCH**

　日本の医療保険制度は，患者に定率の自己負担を課しています。この自己負担を別途軽減しようとする仕組みの1つとして，乳幼児等医療費助成制度があります。助成の対象となる年齢や所得制限の有無，自己負担部分を残すか否かに関して相違はありますが，すべての都道府県が域内の市町村に補助を行い，市町村が同制度を実施しています。あなたの住んでいる市町村では，どのような制度が設けられているのか，子どものころを思い出しながら調べてみましょう。

---

## 2　高額療養費 ────────────────●

　定率負担には，自己負担が定額負担である場合よりも医療にかかるコストについて意識喚起ができるというメリットがあります。しかし，その一方で，医療費が高額となったときに，自己負担も高額になってしまうというデメリットもあります。たとえば，医療費が100万円かかると，自己負担分は30万円になります。3割負担で済んでいるとはいえ，かなりの高額で，これが生活の安定を脅かすことにもなりえます。そこで，医療保険では，高額となりうる自己負担を軽減する仕組みとして，**高額療養費**制度が設けられています（健保115条，国健保57条の2，高齢医療84条）。

　高額療養費制度は，年齢と年収に応じて決められている上限額（⇒**図表1-**

| 適用区分 | ひと月の上限額（世帯ごと） |
|---|---|
| 年収約 1160 万円〜<br>健保：標準報酬月額 83 万円以上<br>国保：基礎控除後の年間所得 901 万円超 | 25 万 2600 円＋（医療費－84 万 2000 円）×1%<br>〈多数回該当　14 万 100 円〉 |
| 年収約 770 万円〜約 1160 万円<br>健保：標準報酬月額 53 万〜79 万円<br>国保：基礎控除後の年間所得 600 万円〜901 万円 | 16 万 7400 円＋（医療費－55 万 8000 円）×1%<br>〈多数回該当　9 万 3000 円〉 |
| 年収約 370 万円〜約 770 万円<br>健保：標準報酬月額 28 万〜50 万円<br>国保：基礎控除後の年間所得 210 万円〜600 万円 | 8 万 100 円＋（医療費－26 万 7000 円）×1%<br>〈多数回該当　4 万 4400 円〉 |
| 〜年収約 370 万円<br>健保：標準報酬月額 26 万円以下<br>国保：基礎控除後の年間所得 210 万円以下 | 5 万 7600 円<br>〈多数回該当　4 万 4400 円〉 |
| 住民税非課税 | 3 万 5400 円<br>〈多数回該当　2 万 4600 円〉 |

＊ 70 歳以上の場合の負担上限は，別途定められています。
出典：厚生労働省 HP

5）を超える自己負担分を高額療養費として払い戻してくれる仕組みです。この高額療養費の仕組みにより（また，後期高齢者の自己負担率が 1 割であること等の理由により），国民医療費全体に占める患者負担割合は，12.3%（2015〔平成 27〕年度）にとどまっています。

なお，高額療養費は，償還払いが原則ですが，保険者から限度額適用認定証の交付を受ければ，病院の窓口では自己負担限度額までを支払えばよい仕組みが整えられており，事実上，現物給付化がなされています（⇒④1）。

## 3　入院時食事療養費・入院時生活療養費・訪問看護療養費 ──●

入院した際には，食費や光熱費等についての自己負担も生じます。医療保険からは，入院にかかる費用に関して，入院時食事療養費・入院時生活療養費の支給がなされます。その額は，入院中の食事や光熱費等に必要な平均的な費用から平均的な家計における食費や光熱費を控除した額となっています。つまり，平均的な家計における食費や光熱費に該当する分は，自己負担しなければなりません。これらは，入院していようといまいと，かかる費用だからです。医療

保険では，低所得者の負担を考慮して，この自己負担を軽減する措置も定められています（健保85条・85条の2，国健保52条・52条の2，高齢医療74条・75条）。

　また，訪問看護を受けた場合にも，自己負担は生じます。訪問看護に対しては，医療保険から訪問看護療養費の支給があります。これは，訪問看護にかかる平均的な費用の7割を保障するものです。したがって，残りの3割については，訪問看護の基本利用料として，自己負担しなければなりません（健保88条，国健保54条の2，高齢医療78条）。

---

### Column 1-4 ● 新型コロナウイルス感染症の蔓延と医療

　2019（令和元）年末に中国で確認された新型コロナウイルス感染症は，以降，長きにわたり私たちの生活に大きな影響を与えることとなりました。新型コロナウイルス感染症をはじめとする様々な感染症への対応を行っていくうえで重要な役割を果たすのが，「感染症の予防及び感染症の患者に対する医療に関する法律」（以下，「感染症法」）と「新型インフルエンザ等対策特別措置法」です。緊急事態宣言等の感染症蔓延防止のための措置は後者に基づき行われますが，ここでは，特に医療保障の観点から前者の感染症法について若干の紹介をします。

　新型コロナウイルス感染症は，2022（令和4）年11月現在，感染症法6条7項が定める「新型インフルエンザ等感染症」に分類されています。どこに分類すべきかが議論の対象となるのは，規制の度合いが異なるからです。現在は「新型インフルエンザ等感染症」に分類されているので，たとえば，都道府県知事または厚生労働大臣は，新型コロナウイルス感染症の患者が質問や必要な調査に正当な理由なく協力しない場合，これらに応じるように命令することができます（感染15条8項）。また，都道府県知事は，患者に対し蔓延防止のために入院勧告を行うことができ，勧告に従わない場合には強制的な入院措置をとることも可能となっています（19条1項3項・26条2項）。なお，入院して治療を受ける場合，その費用について自己負担は発生しません。都道府県が医療保険でカバーされない部分を負担することとなっているからです（37条1項・39条1項）。また，新型コロナウイルス感染症の疑いがあり，保険医である医師が検査する必要があると認める場合や，感染者の濃厚接触者にあたるような場合の検査にも自己負担はかかりません（15条・58条1号・61条3項）。費用が気になり，適切な医療の受診につながらないことは，本人にとっ

ても社会にとっても望ましいことではありません。こうした視点も，感染症法は有しています。

---

# ⑧ その他の医療保険からの給付
## —医療費以外にも保障があるって，ほんと？

　医療保険から給付されるものといえば，まず，医療サービスです。上記のような自己負担もありますが，保険給付として医療サービスを受けられるということが，医療保険に加入する大きな意義となっています。しかし，医療保険からの給付は，医療サービスに限られません。ほかにもさまざまな給付（金銭給付）がなされています。また，各医療保険が，独自の給付（付加給付）を行っていることもあります。

### 1　傷病手当金

　病気やけがで会社を休まなければならないときには，医療保険から**傷病手当金**が支給されます。働かなかった日は，会社が特に賃金を支払う旨を定めていなければ，ノーワーク・ノーペイの原則により，賃金は支払われません。その間の所得保障をしてくれるのが，傷病手当金です。傷病手当金は，就労不能が始まった日の4日目から支給され，その日額は，直近12か月の標準報酬月額の30分の1に相当する額の3分の2に相当する額とされています。傷病手当金の支給期間は，同一の病気やけがにつき通算1年6か月です（健保99条）。なお，地域保険である国民健康保険や後期高齢者医療制度では，傷病手当金は任意給付となっています（国健保58条，高齢医療86条）。

### 2　出産手当金・出産育児一時金

　同様に，出産で会社を休まなければならない場合には，**出産手当金**が支給さ

れます。出産の日以前 42 日（多胎妊娠の場合は 98 日）から出産の日以後 56 日目までの間，1 日あたり，直近 12 か月の標準報酬月額の 30 分の 1 に相当する額の 3 分の 2 に相当する額が支払われます（健保 102 条）（育児休業中については⇒**CHAP. 4 ⑤ 4**）。これは，国民健康保険や後期高齢者医療制度では支給されていません。

　出産に関しては，これに必要な経済的負担を軽減するために，**出産育児一時金**（42 万円）の支給もあります（健保 101 条）[25]。通常分娩は，保険診療の対象とはなりません（⇒**⑤ 1**）[26]。しかし，医療機関で出産する場合には，当該医療機関に出産にかかった費用を支払わなければなりません。そこで，支給されるのが，出産育児一時金です。出産育児一時金は，国民健康保険の被保険者にも支給されています。ただし，加入している国民健康保険により額に違いがあります（国健保 58 条 1 項）。

　なお，出産育児一時金も，償還払いが原則ですが，これを保険者から医療機関に直接支払うことで（直接支払制度や受取代理制度と呼ばれる制度があります），出産した人等が一時的に高額の費用を負担しなくてもよいこととなっています（⇒**④ 1**）。

## 3　埋葬料・家族埋葬料・葬祭費 ●

　被保険者やその被扶養者が死亡した場合には，埋葬料・家族埋葬料・葬祭費が支給されます。埋葬料（5 万円）は，健康保険の被保険者が死亡したときに，その被扶養者等で埋葬を行う者に支給されるものです（健保 100 条）。家族埋葬料（5 万円）は，健康保険の被保険者の被扶養者が死亡したときに，被保険者に支給されます（113 条）。国民健康保険や後期高齢者医療制度の被保険者が死亡した際には，葬祭費が支給されます（国健保 58 条 1 項，高齢医療 86 条 1 項）。

---

notes ─────────────────────────────────────────────

[25]　被保険者の被扶養家族が出産した場合には，家族出産育児一時金が支給されます（健保 114 条）。

[26]　妊娠中の妊婦健康診査（母子保健 13 条）については，市町村が公費助成を行っています。母子保健の一環としてなされるものですが，公費助成の内容は，市町村ごとに異なります。

## 4 医療保険ごとの独自給付

以上の給付に加えて，各医療保険が，独自の給付（付加給付）を提供していることもあります。たとえば，高額療養費の払い戻しを受けてもなお残る自己負担分を軽減するための給付（一部負担還元金）や，傷病手当金・出産育児一時金等に上乗せをする給付（傷病手当金付加金・出産育児一時金付加金等）を行っている医療保険もあります。こうした独自給付があるのは，医療保険における**保険者自治**（⇒はじめに）の表れといえます。

 医療保険財政 —医療費の財源はどこから？

医療保険は，医療サービスにかかった費用や上述の金銭給付等を負担しています。その給付にかかる費用はどのように賄われているのでしょうか。最後に，この費用を賄う仕組み，医療保険財政・財源について確認しましょう[27]（⇒図表1-6）。

## 1 財政・財源

日本には，たくさんの医療保険の保険者が存在していますが，そのそれぞれが，独立した会計を持っています。各医療保険の主たる財源は，被保険者等が負担する**保険料**と**公費**です。近年，医療保険全体でみると，医療費を保険料で負担する割合は年々下がってきています。その理由は，後期高齢者医療制度等に多くの公費が投入されていることにあります。高齢化が進み，後期高齢者医療制度の対象者が増えるにつれ，公費負担の割合は高まっていくことになります。

財政の仕組みは複雑ですが，以下で，健康保険，国民健康保険，後期高齢者医療制度における保険財政（保険給付に関わる部分）をみていきましょう。

--- notes

[27] 保険給付に関する部分の財政のみを取り上げ，事務費等は扱いません。

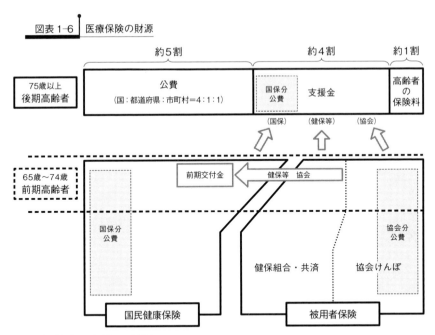

図表 1-6 医療保険の財源

出典：厚生労働省 HP をもとに一部修正

## 健康保険

　比較的健康で所得の高い人が加入している組合管掌健康保険（主に大企業の労働者とその扶養家族が加入）では，保険財政は，主に，事業主と被保険者とが支払う保険料により賄われています。保険給付費に対する公費の投入は，原則として行われていません。しかし，財政力が弱い協会けんぽ（主に中小企業の労働者とその扶養家族が加入）に対しては，国が，保険給付費の 16.4% を補助しています（健保 153 条・附則 5 条）。

## 国民健康保険

　⑴　**公費負担の割合**　国民健康保険では，保険給付費の約 5 割が公費で負担されています。国庫負担が約 41% で，うち 9% は調整交付金として支給されています（国健保 70 条・72 条）。調整交付金は，国民健康保険の財政力の差を勘案して，財政力の弱いところにより多く，財政力の強いところにより少な

く支給されるものです。9％は，調整交付金を平均したときの数値です。また，保険給付費の公費負担約5割のうちの9％は都道府県が負担します（72条の2）[28]。これだけの公費負担がなされる背景には，国民健康保険には，低所得者を含むさまざまな人が加入していることや，健康保険のような保険料の事業主負担がないこと等が挙げられます。

**(2) 市町村の分担の決め方**　保険給付費の残りの約5割が，保険料財源で賄われます。2018（平成30）年度以降は，基本的には，次のような形で，各市町村が集めるべき保険料の総額が決められています。まず，国民健康保険の財政運営の責任主体である都道府県が，都道府県内全体の国民健康保険の医療費を見積もり，そこから公費負担分を差し引いて保険料で賄うべき総額を計算します。その後，それを各市町村の医療費水準（年齢構成の差を調整したうえでの医療費水準）や所得水準等で按分して，各市町村が都道府県に納付すべき金額を決定します。これを受けて，各市町村は，割り振られた金額（納付金額）に見合うように，保険料の賦課・徴収を行います。

### ▌後期高齢者医療制度▌

75歳以上の後期高齢者にかかる医療費については，さらに，被保険者である後期高齢者自身が支払う保険料で賄われる部分は減ります。保険給付費のうち，後期高齢者自身が支払う保険料で賄われるのは約1割にすぎず[29]，残りの約4割を現役世代が支払っている保険料等（高齢医療100条）で，約5割を公費で負担することとなっています。後期高齢者医療制度は，保険料負担能力が低い一方で，有病リスクの高い高齢者にかかる医療費を賄うための特別な財政の仕組みということができます。なお，公費負担分の内訳をみると，国が全体の約3分の1（うち12分の1は調整交付金），都道府県が12分の1，市町村が12分の1を負担しています（93条・95条・96条・98条）。

現役世代が負担する分は，**後期高齢者支援金**として，健康保険や国民健康保

──────────────────────────────────────── notes

[28]　このほか，軽減措置等のとられた保険料分についての公費負担もあります（72条の3）。
[29]　後期高齢者自身が保険料で負担する割合は，現役世代人口の減少率の2分の1の割合で2年ごとに引き上げられ，その分だけ現役世代が負担する割合は減らされることとなっています（高齢医療100条3項）。

険等から後期高齢者医療制度へと回されています。制度創設当初は，各医療保険の加入者数に応じて，後期高齢者支援金の負担額が決められていましたが（加入者割），負担能力に応じた費用負担とする観点から，健康保険や各共済組合等の被用者保険が負担する後期高齢者支援金については，段階的に，加入者の収入を考慮して負担が決まる総報酬割が導入されていきました。2017（平成29）年度からは，被用者保険において全面的に総報酬割が実施されています。

## 2　財政調整の仕組み

### ▎前期高齢者医療制度（財政調整）▎

　75歳未満の人は，職域保険か地域保険である国民健康保険に加入していますが，そのうちの**前期高齢者**（65歳〜74歳）にかかる医療費については，**財政調整**の仕組みが設けられています。

　日本の医療保険の仕組みにおいては，現役世代の多くが，職域保険に加入しています。しかし，定年になり退職すると，その人たちが国民健康保険へと流れてくることとなります。一般に，人は，年をとればとるほど有病率が上がり，医療費がかかる傾向にあります。したがって，退職した人たちが，職域保険から国民健康保険のほうに流れてくると，国民健康保険ばかりが，その負担を引き受けなければならなくなります。それは，あまり公平ではありません。そこで，前期高齢者について，医療費の負担の調整を図る制度が用意されています。それが，**前期高齢者医療制度**です。この制度では，現役世代の人が多い職域保険が拠出した**前期高齢者納付金**が**前期高齢者交付金**として退職者等を多く抱える国民健康保険に支払われることで，財政負担の調整が行われます（高齢医療3章）。

---

**Column 1-5 ●　老人医療費の無料化と老人保健制度**

　後期高齢者医療制度は，2008（平成20）年4月に施行された新しい仕組みですが，これも財政調整の仕組みと言えます。後期高齢者医療制度のルーツをたどると1973（昭和48）年の老人医療費無料化にたどり着きます。この医療費無料化は，福祉元年を謳う当時の政権における象徴的な出来事の1つでし

たが，結果として，医療費についてのコスト意識を失わせ，過剰診療や社会的入院（医学的には入院の必要はないにもかかわらず，介護の担い手の不在等を理由になされる入院）の増大を招きました。

そこで，1982（昭和57）年に老人保健法が制定され，高齢者についても定額の自己負担が導入されることとなりました。そして，それと同時に，人口の高齢化と産業構造の変化に対応するため，健康保険と国民健康保険との間で70歳以上の高齢者にかかる医療費負担を調整する財政調整の仕組み（老人保健制度）も導入されました。高齢者の多くは，国民健康保険に加入していました（当時は75歳以上の後期高齢者も現役世代の人たちと同じ保険に加入していましたので，負担の偏りは現在よりも大きかったといえます）。そこで，国民健康保険に負担が偏るのを解消し，高齢者にかかる医療費を各医療保険者が共同で負担する仕組みとして財政調整の仕組みが設けられました。

老人保健制度のもと，各医療保険者は，医療保険に加入している者の頭数に応じて，老人医療費のための分担金（老人保健拠出金）を負担しました。各医療保険における高齢者の加入率の高低にかかわらず，国民全員で高齢者にかかる医療費を公平に負担するというのが，この仕組みの重要な点です。これにより高齢者を多く抱える国民健康保険の負担は軽減されました。また，国・地方自治体も老人医療費を負担することで（公費負担），高齢者にかかる医療費を支えました。

現在の後期高齢者医療制度・前期高齢者医療制度は，こうした老人保健制度を見直す形で新たに作られたものです。

## 考えてみよう　1-2

近年，高齢化の進展により医療保険財政が厳しくなっていくなかで，生活習慣病等の予防政策の必要性と重要性が強く主張されています。2008（平成20）年には，いわゆるメタボ健診（特定健康診査）の実施が各保険者に義務づけられ，その実施目標の達成状況が，各保険者が負担する後期高齢者支援金の額に反映されることにもなりました。そうしたなかで，国家が個人の私的領域（体型，食生活，生活リズム，喫煙や飲酒，運動等）への干渉・介入を強めることに対する懸念も示されています。保健政策の1つとして位置付けられる疾病予防政策に関してどのような議論がなされているのかを調べたうえで，この点について考えてみましょう。

□ 1 医療保険の目的は，何ですか。

□ 2 国民皆保険とは，どのようなことを指していますか。

□ 3 あなたが加入している医療保険の種類は何ですか。健康保険や国民健康保険，後期高齢者医療制度には，それぞれどのような人たちが加入していますか。

□ 4 健康保険や国民健康保険，後期高齢者医療制度において被保険者が負担する保険料は，どのように決まりますか。また，保険料負担が免除されたり，減免・猶予されたりするのは，どのような場合ですか。

□ 5 日本の医療保険で「現物給付方式」がとられているのはなぜですか。「金銭給付（償還払い）方式」と比較したときの「現物給付方式」のメリットは何ですか。

□ 6 医療保険の給付を提供する病院や診療所，医師を何といいますか。

□ 7 保険診療の範囲は，どのように決まりますか。

□ 8 混合診療とは，どのような診療のことを指しますか。また，日本の医療保険制度では，混合診療はどのように扱われていますか。保険外併用療養費制度は，どのような場面で利用されますか。

□ 9 医療保険における医療サービスの価格は，どのように決まりますか。また，そのうちの何割を病院や診療所の窓口で支払いますか。

□ 10 医療費の自己負担が高額になるのを避ける仕組みとして，どのような制度が用意されていますか。

□ 11 医療保険から支給される金銭給付には，どのようなものがありますか。また，どのようなときに，それらは支給されますか。

□ 12 各医療保険は，被保険者が負担する保険料以外に，どのような財源を有していますか。とりわけ，前期高齢者・後期高齢者にかかる医療費の財源は，どのように確保されていますか。

# 年金制度

　少子高齢社会では，年金制度は若い世代に対する負担が大きく，将来的に破たんするのではないか，若い世代は損なのではないか，そんな制度は必要ないんじゃないか，などといった声を耳にします。そもそも年金制度とは何のためにあるのでしょう。

　この章では，年金制度が，私たちの人生において，どのようなリスクをカバーし，私たちの生活の保障に役立っているのかを学習します。まず，年金制度の意義・目的について確認し（⇒1），年金の種類を学習して，公的年金制度の全体像をつかみましょう（⇒2）。そのうえで，日本の公的年金制度における保険料の仕組みについて勉強します（⇒3）。その後，実際に，年金をもらう際の受給手続について学び（⇒4），年金がどのくらいもらえるのかという給付の内容について学びます（⇒5）。最後に，グローバル化と年金制度について確認したうえで（⇒6），年金制度の財政について勉強します（⇒7）。

# 1 年金の必要性 —どうして年金制度が必要なの？

年金というと，多くの人が老後の生活をイメージするのではないでしょうか。定年を迎え，会社を退職し，収入がなくなった後の生活を支えるもの，というイメージです。もちろん，年金には老後の生活保障（**老齢年金**）という機能もありますが，それだけではありません。一定の障害の状態になったときの生活保障（**障害年金**），生計維持者を失ったときの生活保障（**遺族年金**）という役割も果たしています。老後の生活保障というと，若い世代にとっては，まだまだ先の将来のことのように思えるかもしれませんが，病気やけがで，いつ障害を負うかわかりませんし，家計を支えていた親やパートナーが突然亡くなってしまい生活に困るということも起こりえます。年金は，長期的に収入が不安定になる可能性のある，これらのリスクをもカバーしているのです。そして日本では，これら老齢年金・障害年金・遺族年金が，政府を保険者とする公的年金制度として設けられています。

| 考えてみよう | 2-1 |
|---|---|

公的年金制度のない社会を想像してみましょう。定期的に得られる収入を失ったとき，あなたはどのようにして生活するでしょうか。おそらく，そのようなときのために，自分で何かしらの準備をすることになると思います。まず，事前に準備できそうなことを書き出してみましょう。そのうえで，それらの方法に問題点や危険性がないか，考えてみましょう。

公的年金制度がない社会では，定期的な収入を失ったときのために，自分で準備をしなくてはなりませんが，それぞれ，いろいろな問題があり，自分の力だけで準備するのは，なかなか大変なことです。もちろん，公的年金制度さえあればすべて安心！ともいえませんから，自分で準備をすることは必要です。でも，年金という形で，定期的に一定の収入があることで，生活への不安は減るでしょう。

**公的年金の種類 — 人によって年金が違う？**

## 1 国民皆年金 ────────────────●

　日本には，日本国内に住む20歳以上60歳未満のすべての人が加入する国民年金（**基礎年金**）という年金があります。そのため，20歳になると，働いていても働いていなくても，国民年金に加入することになります。これを「**国民皆年金**」といい，誰もが公的年金制度に加入することができるとともに，誰もが加入しなければなりません。それでは，まず，国民年金も含め，どのような年金制度があるのかをみてみましょう。

　図表2-1のように，日本の年金制度は，1階部分として国民年金があり，会社などで働いている場合には，2階部分となる厚生年金が上乗せされる，2階建てが基本となっています。さらに，会社独自の年金制度である**企業年金**や受給額を増やすために加入する年金などもあり，人によっては3階建て，4階建てということもあります。ここでは，公的年金の基本となる国民年金と厚生年金について詳しくみていきましょう。

**図表2-1　年金制度の全体像**

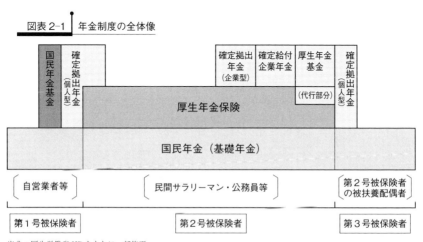

出典：厚生労働省HPをもとに一部修正

　私的年金はより豊かな老後の生活を送るために，公的年金に上乗せして給付されます。これには，企業年金や個人年金があります。企業年金とは企業が従業員のために設けた年金制度であり，企業の福利厚生制度として任意に実施されています。企業年金は，労働者の老後の生活を保障するために，公的年金を補完する性格をもつとともに，退職金の一種という性格をもつこともあります。

　企業年金には，確定給付企業年金（基金型，規約型），確定拠出年金（企業型）があります。近年，多くの企業年金の水準が引き下げられ，減額を争う訴訟が提起されています（東京高判平成 20・7・9 労判 964 号 5 頁［百選 45］，大阪高判平成 18・11・28 判時 1973 号 62 頁②事件［百選 47］）。

　一方，個人でも国民年金基金や個人型確定拠出年金など国民年金や厚生年金に上乗せする制度があります。国民年金基金は，自営業者など，国民年金の第1号被保険者を対象とする任意加入の年金制度です。これに対し，個人型確定拠出年金は，専業主婦・主夫や公務員も含め，原則として 65 歳未満のすべての人を対象とする任意加入の制度であり，iDeCo（イデコ）と呼ばれています。国民年金基金や既存の企業年金に加え，新たな選択肢として公的年金に上乗せされます。自己の責任で運用商品を選び運用する制度です。

　2020（令和 2）年の年金制度改正法により，確定拠出年金（DC）の加入要件等も見直されました。これにより，確定拠出年金の加入可能年齢や受給開始年齢の上限が引き上げられました。また，中小企業向け制度の対象範囲が従業員 100 人以下から 300 人以下に拡大されるとともに，企業型 DC 加入者の iDeCo 加入の要件が緩和されました。

## 2　国民年金（基礎年金）

　日本国内に住む 20 歳以上 60 歳未満のすべての人が加入する年金を国民年金といい，給付の際には，基礎年金といわれます。被保険者の働き方によって資格が異なり，国民年金法 7 条 1 項の規定により第 1 号被保険者から第 3 号被保険者まで 3 種類に分けられます。

　会社員や公務員，教員など，誰かに雇われている人（「被用者」といいます）は**第 2 号被保険者**に（国年 7 条 1 項 2 号），その第 2 号被保険者の配偶者で，専

業主婦・主夫のように，主に第2号被保険者の収入で生活している人は**第3号被保険者**になります（同項3号）。このどちらでもない，自営業者や学生などは**第1号被保険者**となります（同項1号）。

　20歳になると，誰もが国民年金の被保険者となるため，学生であっても基礎年金番号通知書が届きます。就職して第2号被保険者になると，厚生年金にも加入します。なお，60歳までに老齢基礎年金の受給資格期間（⇒❹1）を満たしていない人や，40年の納付済期間がないため老齢基礎年金を満額受給できない人は，60歳以降でも任意加入することができます（国年附則5条1項）。

## 3　厚生年金

### 厚生年金の被保険者

　被用者が加入する年金を厚生年金といいます。適用事業所（⇒CHAP. 1❷2）で働いている70歳未満の人は，強制的に厚生年金の被保険者となります（国民年金と異なり，20歳未満の人も対象です）（厚年9条）。ただし，同じ事業所であっても，日雇いや2か月以内の有期契約での雇用など，働いているのが一時的である人は対象とはなりません（12条1号）。

　また，70歳以上の人であっても，適用事業所で働いていて，老齢年金受給権を有しない人などが，特別に任意加入できることがあります（附則4条の3）。

### パートタイムの場合

　パートタイムで働いている人は，1週間の所定労働時間および1か月の所定労働日数が，同じ事業所で同様の業務に従事している一般社員の4分の3以上である場合に，被保険者とされます。さらに，4分の3未満の場合でも，次の5つの要件をすべて満たす場合には，被保険者となります（厚年12条5号）。

> ① 従業員100人超の企業で働いている人（2024〔令和6〕年10月以降は，従業員50人超の企業で働いている人）。
> ② 労働時間が週20時間以上であること
> ③ 月額賃金が8万8000円以上であること

④ 勤務期間が2か月超（見込みを含む）であること
⑤ 学生でないこと

　ところで，働いているところが適用事業所でない場合でも，70歳未満の人は，事業主の同意を得て，厚生労働大臣の認可を受ければ，厚生年金に加入することができます（厚年10条）。

### ▍資格の届出 ▍

　厚生年金については，事業主が被保険者資格の届出を行ったうえで，保険料を納付します。しかし，被保険者資格があるにもかかわらず，事業主が届出をしていない場合がありえます。そのような場合，被保険者は，保険者に対して資格の取得・喪失の確認を請求することができます（厚年31条1項）。そのうえで，事業主が適切に届出をしていなかったことがわかった場合には，損害賠償を請求できる場合があります（大阪高判平成23・4・14賃社1538号17頁［百選34]）。

## 3 公的年金の保険料 —保険料は，どのように決まるの？

　日本の年金制度は，社会保険方式（⇒はじめに）をとっています。そのため，公的年金に加入すると，年金の保険料を支払わなくてはなりません。では，支払う保険料の額はどのくらいになるのでしょうか。

### 1 国民年金（第1号被保険者）の保険料 ────────●

　国民年金（第1号被保険者）の場合，保険料の額は，収入に関係なく定額となっています。2022（令和4）年度の保険料は，1万6590円です。この額は，決められた保険料額（2018年度以降1万7000円）に，物価や賃金の伸びを考慮して調整して決められます。
　保険料は，被保険者自身が払い込みをしますが，現金のほか，口座振替やクレジットカードでの納付など，さまざまな方法があります。まとめて前納する

と，割引されるという制度もあります。

**2-1**　**RESEARCH**

　よく新聞などで取り上げられる年金保険料の未納問題というのは，自分で納付しなければならない国民年金の保険料を納付しない人がいるという問題のことです。
① 国民年金の保険料の納付率は，どのくらいでしょう。
② 未納者が多いのは，どの年代でしょう。
③ 未納者は，どうして保険料を納付しないのでしょう。
④ どうしたら，未納者が減るでしょう。

## 2　厚生年金（第2号被保険者）の保険料 ●

　厚生年金の場合，保険料の額は，収入によって変動します。具体的には，毎月の給与（標準報酬月額[1]）と賞与（標準賞与額[2]）に，共通の保険料率（2017〔平成29〕年9月から18.3％）をかけて決まります。つまり，収入の多い人は保険料額が高くなり，収入の少ない人は保険料額が低くなるということです。また，厚生年金の保険料は，**労使折半**とされていて，事業主と被保険者が半分ずつ負担します。

　厚生年金の保険料は，事業主が被保険者の給与から天引きした被保険者の負担分と，事業主負担分とを併せて，事業主により納付されます。

　なお，厚生年金の被保険者は，厚生年金の保険料と別に国民年金の保険料を支払う必要はありません。厚生年金の保険料のなかから国民年金の財源へ，拠出金が支払われるという構造になっているからです（⇒**図表2-9**）。厚生年金の保険料に国民年金分の保険料が含まれていると考えてよいでしょう。

　ところで，厚生年金の保険料は，被保険者負担分と事業主分とを併せて，事業主が納付しますので，通常，国民年金のような未納は生じないはずです。し

――――――――――――――――――――――――――――――――― notes

[1]　標準報酬月額とは，被保険者が受け取る給与を一定の幅で区分した報酬月額にあてはめて決定したもので，年金の標準報酬月額は，1等級（8万8000円）から31等級（62万円）までの31等級に分かれています。

[2]　標準賞与額とは，賞与から千円未満の端数を切り捨てたもので，年金の保険料額の算出にあたっては，支給1回につき，150万円が上限とされています。

かし，事業主が保険料負担を避けるために，資格取得の届出をしなかったり，虚偽の届出をしたりして，適切に保険料が納付されていないことがあります。厚生労働省の調査によると，約80万の事業所が違法に加入していないおそれがあるそうです。正社員として勤めていて，当然，厚生年金に加入していると思っていた被保険者が，実は加入していなかったとなると，厚生年金をもらえないどころか，国民年金の保険料も支払っていない可能性も出てきますので，年金自体をもらえないという事態にもなりかねません。

---

### 考えてみよう 2-2

　配偶者が厚生年金等に加入しており，年収が130万円未満である者は，国民年金の第3号被保険者とされます。第3号被保険者には，直接的な保険料負担はなく，配偶者の加入する制度が負担することとなっています。これは，現役時代には，配偶者が働いて得た収入で夫婦が生活し，老後は配偶者が加入していた厚生年金で生活をすることが想定されているからです。この点については，本人が保険料を支払っていないにもかかわらず，国民年金を受給できるのは不公平ではないかと批判されることもあります。これが第3号被保険者問題と呼ばれ議論を呼んでいます。あなたは，どう考えますか。

---

## 3　保険料の免除や猶予など

　国民年金は，強制加入とされており，20歳になると保険料を納めることが義務づけられています。そして，年金を受給するには，一定期間保険料を納めている必要があります（受給資格期間 ⇒④）。しかし，一時的に収入が減ったり，失業したりしたときなど，保険料を納めることが，経済的に厳しいときもあるでしょう。そのような場合には，保険料の**免除**や**猶予**の制度を利用することができます（⇒**図表2-2**）。保険料の支払いが難しいとき，何もせずに未払いでいると，受給資格期間が満たされず，年金を受給することができなくなるおそれがありますが，これらの制度を利用すれば，受給権を得ることができます。ただし，年金の受給額は，免除の場合には，保険料を納めた時に比べて減額されます。それでは，どのような場合に免除や猶予を受けられるのでしょうか。

## 法定免除

**法定免除**とは，次のような場合に，保険料が全額免除されるという仕組みです。

① 障害基礎年金または被用者年金の障害年金を受けている
② 生活保護の生活扶助を受けている
③ 国立および国立以外のハンセン病療養所などで療養している

## 申請免除

**申請免除**とは，本人・世帯主・配偶者の前年所得が一定額以下の場合や失業した場合など，国民年金保険料を納めることが経済的に困難な場合に，申請をし，それが承認されると，保険料の納付が免除になるという仕組みです。免除される額は，全額，4分の3，半額，4分の1の4種類があります。

## 猶予

猶予は，20歳以上50歳未満で，本人・配偶者の前年所得が一定額以下の場合に，申請をし，それが承認されると，保険料の納付が猶予される仕組みです。

図表 2-2 保険料と年金の受給との関係

| | 老齢基礎年金 | | 障害基礎年金 遺族基礎年金 (受給資格期間への算入) |
|---|---|---|---|
| | 受給資格期間への算入 | 年金額への反映 | |
| 納付 | ○ | ○ | ○ |
| 全額免除 (法定・申請) | ○ | ○ (→免除の分は給付減額) | ○ |
| 一部免除 (申請) | ○ | ○ (→免除の分は給付減額) | ○ |
| 猶予 学生納付特例 | ○ | × (→猶予・特例利用の分は 給付なし) | ○ |
| 未納 | × | × (→未納の分は給付なし) | × |

出典：日本年金機構 HP をもとに一部修正

被保険者が学生の場合には，在学中の保険料の納付が猶予される**学生納付特例**という制度が利用できます。家族の収入に関係なく，本人の所得が一定以下の学生が対象となります。

## 4　保険料の追納

　国民年金の保険料を徴収することができる期間は納付期間から2年です。逆にいうと，保険料を支払うことができるのも，2年ということになります。2年を経過し，時効のために未納となった保険料分は，受給資格期間に算入されません。

　しかし，**3**で学習した免除や猶予の仕組みを利用した期間の保険料については，**追納**といって，後から納付する制度があります。一時期，経済的に厳しく，免除や猶予の制度を利用した場合，受給する年金額が減ってしまうので，経済的に余裕ができたら，保険料を追納して，年金額を増やすことができる制度です。追納ができるのは，追納が承認された月の前の10年以内の期間とされています。

---

**Column2-2 ●　産前産後休業・育児休業と年金の保険料**

　最近では共働きも増え，仕事と育児を両立する人も増えてきました。出産・育児のために，一度休業することもあります（⇒**CHAP. 4**）。産休や育休を取得した場合，一時的に賃金をもらわなくなることもありますが，このとき年金の保険料はどうなるでしょう。実は，産前産後の休業期間中と子どもが3歳になるまでに育児休業またはそれに準じる制度を利用して休業している期間は，申し出れば，年金保険料を免除してもらうことができます。自分の保険料負担分だけでなく，事業主の負担分も免除されますので，会社に負担をかけることなく，安心して産休や育休を取得することができます。また，この免除期間は，保険料を納めた期間として扱われます。さらに，子どもが3歳になるまでは，休業等によって賃金が低下した場合，賃金に合わせて保険料負担が減る一方で，将来の年金受給額は，より高い元の賃金を基に計算された額となる制度があり

---

ます。この仕組みには，子どもを産み・育てやすい社会をつくるという観点とともに，被保険者が働き続けることのできる環境を整えるという意味もあります。

　なお，2019（平成31）年4月より，自営業者等の第1号被保険者についても，産前産後期間は，国民年金保険料が免除されることとなりました。

#  受給の手続 ―年金をもらうためには？

　①で学習したように，公的年金には，老齢年金，障害年金，遺族年金があります。それぞれ，老齢，障害，生計維持者の死亡という要保障事由（保険事故）が発生したときに，受給することができます。このうち，国民年金から支給されるものを，老齢・障害・遺族基礎年金といい，厚生年金から支給されるものを，老齢・障害・遺族厚生年金といいます。また，一定の期間，保険料を支払っていることが必要とされます（受給資格期間）。保険料を少しでも支払っていれば年金給付を受けられるとすると，年金の必要性を感じてから制度を使おうとする人が出てくるかもしれません。年金を受給するにあたり，どのくらい保険料を支払っている期間が必要とされるかは，年金の種類によって異なります。どう違うのかについても，みていきましょう。

## 1　老齢年金

**要保障事由**

　老齢年金は，一定の年齢に達したときにもらうことができます。いわゆる老後の生活保障です。生活するにはなにかとお金がかかります。定年を迎えて，定期的な収入を失い，十分な貯金もない場合，長生きすればするほど生活資金が減っていくことになりますから，貯金が底をつけば，貧困に陥るおそれがあります。老齢年金は，家計に定期的な収入として入ってくるため，そのような不安を解消するためにも重要な役割を果たしているといえるでしょう。

　では，何歳から年金をもらえるのでしょうか。年金の支給開始年齢は原則と

して65歳とされていますが，定年が65歳未満の企業も少なくありません。逆に，65歳を超えても働き続ける人もいます。むしろ，高年齢者等の雇用の安定等に関する法律では，70歳までの就業機会の確保が努力義務とされています。働き続け，定期的な収入を得続けられるのであれば，そもそも老後の不安は生じないかもしれません。しかし，勤めている企業の定年が何歳までなのか，何歳まで元気に働き続けることができるのか，それは人それぞれですし，その状況を予測することも難しいでしょう。

　そのため，老齢年金は，60歳から繰り上げ受給したり，66歳以降に繰り下げ受給したりするという選択もできます。繰り上げた場合には減額，繰り下げた場合には増額されます。60歳になった時点で，働くことが難しい状況であれば，年金額が減っても，早めにもらったほうがよいかもしれませんし，65歳を超えても働き続けられる状況であれば，もらう年齢を少し延ばして，年金額を増やしたほうがよいかもしれません。なお，60歳を超えても働き続ける人については，就労収入に応じて年金額を調整する在職老齢年金の制度があります。

### 保険料の支払期間

　老齢年金を受給するためには，受給資格期間が少なくとも10年以上ある必要があります。10年も保険料を支払うのは，長いと感じますか？　でも，実は，2017（平成29）年7月までは25年必要とされていました。しかし，将来の無年金者の発生をおさえるために，2012（平成24）年の法改正で短縮されたのです。

## 2　障害年金 ————————————————●

### 要保障事由

　障害年金は，傷病により一定の障害の状態になったとき，その傷病の初診日に被保険者であった者が受給することができます。予測できない事故や病気で，いつ障害の状態になるかわかりません。障害の状態になったために，仕事をすることができなくなれば収入を失い，生活が不安定になってしまうおそれがあ

ります。障害年金は，こういったリスクから被保険者を守り，生活を保障するために重要な役割を果たしています。

　ところで，老齢年金の受給要件のように一定の年齢に達したかどうかはわかりやすいですが，障害とは，どのような状態をいうのでしょうか。法律の規定では，疾病にかかり，または負傷し，それらに起因する疾病について初めて医師または歯科医師の診療を受けた日から1年6か月を経過した日（その期間内に傷病が治った場合はその日。医学上，それ以上治療の効果が期待できなくなった場合には，その日）において，障害等級に該当する程度の障害の状態にあることとされています（国年30条1項，厚年47条1項）。つまり，事故等によりけがをして一時的に歩けなくなったとしても，数か月の治療で完治し，元どおりの生活が営めるようになった場合には，障害年金は支給されません。障害の状態が固定化される必要があります。ただし，精神障害の場合は，障害が多種にわたり，その症状は同一原因であっても多様です。そのため，認定にあたっては具体的な日常生活状況等の生活上の困難を判断するとともに，その原因および経過を考慮しています。なお，初めて診療を受けた日を「初診日」，障害の認定を受けた日を「障害認定日」といいます。

　障害基礎年金は，障害等級が1級（身体の機能の障害または長期にわたる安静を必要とする症状が，日常生活の用を弁ずることを不能ならしめる程度のもの）または2級（身体の機能の障害または長期にわたる安静を必要とする症状が，日常生活が著しい制限を受けるか，または，日常生活に著しい制限を加えることを必要とする程度のもの）に認定された場合に支給されますが，障害厚生年金は1級から3級（労働が著しい制限を受けるか，または労働に著しい制限を加えることを必要とする程度のもの）まであり，厚生年金のほうが，支給対象が広くなっています。また，厚生年金には，加入している間に初診日のある病気・けがが初診日から5年以内に治り，3級の障害よりやや程度の軽い障害が残ったときに支給される，障害手当金という一時金があります。

　なお，障害年金は，障害認定日以降，傷病が悪化し，障害状態になった場合や，その他の傷病と併せて障害状態となった場合にも支給されます（国年30条の3，厚年47条の3）。

## 保険料の支払期間

　障害の状態にはいつなるかわかりませんから，老齢年金と異なり，受給前に保険料を何年間支払う必要があるという資格要件の設定には意味がありません。その代わり，次の①または②のいずれかの納付要件を満たしている必要があります。

> ① 初診日のある月の前々月までの年金加入期間の3分の2以上の期間について，保険料が納付または免除されていること
> ② 初診日において65歳未満であり，初診日のある月の前々月までの1年間に保険料の未納がないこと

　つまり，障害の状態になってから，慌てて年金の保険料を支払って受給しようとするのを防ぐために，3分の2以上または1年間という期間の要件を設けているのです。ここで，大学卒業後，就職して最初のゴールデンウィークに事故に遭い，障害認定を受けた人のモデルケースをみてみましょう（⇒**図表2-3**）。

　モデル①の人は，保険料を払い続けています。障害の認定に関わる初診日の前日の時点で，被保険者期間の保険料納付が3分の2という要件を当然，満たしていますので，障害年金を受給することができます。しかし，モデル②の人は，学生時代，20歳から22歳までの2年間，保険料を支払っていなかったので，卒業後1か月分しか保険料を納付していません。つまり，全被保険者期間のうち3分の2以上という要件も，1年という要件も満たすことができず，障害年金を受給することができません。なお，学生納付特例を利用していた場合には，受給資格期間に算入されます（⇒**3** 3）。

　ところで，公的年金制度は，原則として20歳から加入することのできる制度です。それでは，20歳より前に障害の状態となった人は，障害年金を受け取ることができないのでしょうか。実は，20歳より前に障害の状態となった人も，20歳になったときに，障害基礎年金を受け取ることができます。ただし，所得制限が設けられています。なお，20歳になるまでの間は，別の経済的支援もあります（特別児童扶養手当 ⇒ **CHAP. 6** 5）。

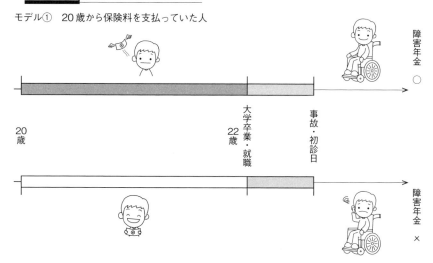

図表 2-3　障害年金と保険料の支払い

モデル①　20 歳から保険料を支払っていた人

20歳

大学卒業・就職　22歳

事故・初診日

障害年金　○

障害年金　×

モデル②　学生時代（20 歳〜22 歳）は保険料未払いで，就職してから払い始めた人

2-2　　　　　　　　　　　　　　　　　　RESEARCH

　大学生でも，20 歳から保険料の支払いを開始，または学生納付特例の申請をし，障害の状態となった人と，初診日に 20 歳前で障害の状態となった人は，障害基礎年金をもらうことができます。しかし，学生納付特例という制度は，2000（平成 12）年 4 月から新しくできた制度です。特に 1989（平成元）年改正以前は，学生の国民年金への加入は任意とされていたため，加入率が低いという状況でした。年金制度に未加入の学生が，その間に障害の状態となった場合には，いわゆる「無年金障害者」となってしまいます。そこで，無年金障害者となった人たちが，年金をもらえないことについて，憲法 25 条・14 条 1 項に反するとして，全国で訴訟を起こしました（最判平成 19・9・28 民集 61 巻 6 号 2345 頁 [百選 10] など）。判例を読み，次のことを調べてまとめてみましょう。

① 何が争点になったのか

② どのような判決が出されたのか

③ 判決の理由は何か

④ その後の法制度への影響

## 3 遺族年金

### 要保障事由

　遺族年金は，一家の生計維持者が死亡したときにもらうことができます。家族の家計を支えていた一家の大黒柱を失うと，残された家族は収入を得ることができなくなり，貧困に陥るおそれがあります。専業主婦・主夫など，それまで主な稼得者でなかった人は，一家を支えるために働く必要が出てくるかもしれません。しかし，すぐに仕事がみつかるとは限りませんし，一家を支えるほどの収入をすぐに得るのは難しいでしょう。家族には，まだ働くことができない子どもがいるかもしれません。そのようなときに，遺族年金をもらうことで，少なくとも経済的には一家の生活を支えることができます。

　遺族年金の場合，老齢年金や障害年金と異なり，本人自身の生活の保障というのではなく，本人が死亡した場合に，残された遺族の生活を保障するということになります。そのため，保障される遺族とは誰なのか，が問題となります。遺族の範囲については，基礎年金と厚生年金とで違いがあります。

　遺族基礎年金は，死亡した被保険者が生計を維持していた子がいる場合のみ，その子またはその子と生計を同じくする配偶者に支給されます。ここでいう「子」は，被保険者の扶養を必要とする者を前提としているため，18歳に達した後の最初の3月31日までの間か，20歳未満で障害の状態にある未婚の子とされています（国年37条・37条の2）。

　これに対し，遺族厚生年金は，被保険者が死亡した当時，生計を維持されていた配偶者，子，父母，孫または祖父母（夫，父母，祖父母については，55歳以上，子，孫については18歳に達する日以後の最初の3月31日までの間か20歳未満で障害等級1級または2級に該当し未婚であること）が対象とされています（厚年58条・59条）。この「生計を維持されていた」とは，年収850万円未満であることが基準とされています。もっとも，配偶者・子がいる場合には，子の分は支給停止され，配偶者に加算がなされ，父母，孫，祖父母には支給されません。配偶者・子がいない場合には，父母，孫，祖父母の順位で支給されます。また，30歳未満の子のない妻は5年間の有期給付となります。遺族基礎年金と遺族厚生年金とを比べると，遺族厚生年金のほうが，保障の範囲が広く

| | 図表 2-4 | 遺族年金と受給者 |
|---|---|---|

モデル③
一家の大黒柱である夫（会社員）が死亡し，妻（38歳）と12歳の子が残された場合

モデル④
共働き家庭で，夫（会社員）が死亡し，妻（38歳）だけが残された場合

モデル⑤
一家の大黒柱である妻（会社員）が死亡し，夫（38歳）だけが残された場合

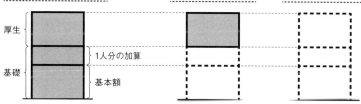

厚生

基礎

1人分の加算

基本額

設定されているのがわかります。ここで，モデルケースをみてみましょう（⇒図表 2-4）。

　モデル③のケースでは，12歳の子どもがいますので，遺族基礎年金も遺族厚生年金ももらうことができます。しかし，モデル④の場合，子どもがいませんので，遺族基礎年金はもらえません[3]。遺族厚生年金はもらえる可能性がありますが，妻が厚生労働大臣の定める金額（年収850万円以上）の収入を将来にわたって得られないと認められる必要があります。

　被保険者の死亡後に，家族の生活を支える遺族年金ですが，受給要件を備えていても，その後の事情の変化により，もらえなくなる場合があります。たとえば，妻が再婚した場合などです。

　ところで，モデル⑤のケースでは，子どもがいないので，遺族基礎年金はもらえないうえ，夫の年齢が38歳であるため，遺族厚生年金ももらうことができません。モデル④において，残された配偶者である妻は，モデル⑤の夫と同じ年齢ですが，働いているにもかかわらず，遺族厚生年金をもらうことができます。性別によって異なる扱いがされていることになります。

───── notes

[3]　妻が40歳から65歳になるまでの間は，中高齢寡婦加算があります。

もともと遺族年金は，男性が一家の大黒柱として働き，女性は専業主婦として家事・育児をするという伝統的な家族モデルを想定して，設計されていました。そのため，遺族基礎年金の受給者は，「子または子のある妻」と規定されていたのです。つまり，母子家庭だけを対象としていました。しかし，共働き家庭が増加し，男女差の是正が求められるなか，2014（平成26）年4月から，「子または子のある配偶者」と改められ，父子家庭も対象とされるようになりました。

　一方，遺族厚生年金については，夫，父母，祖父母に対しては，55歳以上という年齢要件が設けられています。

　ところで，遺族年金の受給者は，法律婚による「配偶者」のみならず，事実婚による配偶者も含まれます。いわゆる内縁の妻（夫）です。遺族年金は，被保険者によって生計を維持されていた人の生活を保障するためのものですので，法律上の婚姻関係になくとも，実際に結婚しているのと同じような生活をしている場合には，支給されます。

　では，法律上の婚姻と事実上の婚姻とが重複しているような場合（**重婚的内縁**），どちらの配偶者に支給されるのでしょう。この点について，遺族年金を受給する配偶者として，法律上の妻ではなく，事実上の妻が認められた例があります（最判平成17・4・21判時1895号50頁）。

　民法では，法律婚を重視し，重婚という状態を認めませんから，配偶者が死亡した場合の相続関係においては，当然，法律上の配偶者が法定相続の対象となります。しかし，遺族年金の受給関係においては，法律婚が形骸化している

など，事実上の状態を重視することもありうるということでしょう。ただし，重婚的内縁関係においては，ただちに事実上の妻が受給者になるとは限らないことには注意が必要です。

さらに，民法では**近親婚**（三親等〔⇒付録〕以内の親族間の婚姻）が禁じられていますが，おじと内縁関係にある姪が，遺族年金の受給者として認められた例もあります（最判平成19・3・8民集61巻2号518頁［百選37］）。ただし，この事例も，近親者間における婚姻を禁止するという公益的要請よりも，遺族の生活の安定と福祉を向上させるという年金の目的を優先させるような特別な事情があったとされたためで，当然に近親者を受給者として認めたものではありません。

---

### 考えてみよう

2-4

① 公的年金制度がその生活を保障しようとしている配偶者とはどのような人なのか，考えてみましょう。
② 重婚的内縁や，民法上，婚姻が禁止されている近親婚などの関係であっても，遺族年金の受給者として認める事例がありましたが，それでは，「同性婚」の場合は，どうでしょうか。受給者となる可能性があるかどうか，考えてみましょう。
③ 参考判例を読み比べてみましょう。
重婚的内縁（前掲最判平成17・4・21）
近親婚（前掲最判平成19・3・8 ［百選37］）

---

### | 保険料の支払期間 |

遺族年金の場合も，障害年金と同様に，支払うべき保険料を支払っていないと給付の対象となりません。死亡日の前日の時点で，死亡日の属する月の前々月までの保険料を納付すべき期間のうち，保険料を納付した期間と免除期間が合わせて3分の2以上ないともらえません。ただし，2026（令和8）年3月31日までは，直近の1年間に滞納がなければよいとされています。いずれにせよ，自分の身に何かあった場合，保険料を滞納していたら，残された家族は遺族年金をもらえず，経済的に困ることになりかねません。

## 4 裁 定 ━━━━━━━━━━━━━━━━━━━━━━━━━━━━━━━━●

　無事に受給要件を満たしたら，年金がもらえるのでしょうか。実は，受給要件を満たしたからといって，自動的に年金が給付されるわけではありません。年金を受給するためには，受給権者が申請を行い，それに対する**裁定**がなされるという手続を踏む必要があります。

　裁定というのは，発生した受給権を公的に確認する行政処分 [4] です。たとえば，老齢年金は，必要な期間，保険料を支払っていて，一定の年齢に達すれば，受給要件は満たします。しかし，それを公的に確認してもらわないと，年金は支給されません。この裁定を行う裁定権者は，国民年金については，厚生労働大臣（国年16条），厚生年金については実施機関（厚年33条・2条の5）とされています。

　裁定がなされると，年金受給権の基本権 [5] が確認され，基本権に基づき，毎月，具体的に年金を受給するという支分権 [6] が発生します。たとえば，老齢年金は死亡するまでもらうことができるので，その月に生きていれば，毎月，年金を受給するという支分権が発生しますが，死亡すると，基本権が消滅し，それ以降，支分権も発生しません。さらに，実際に年金が支払われるのは，2月，4月，6月，8月，10月，12月となっています（国年18条，厚年36条）。つまり，毎月発生した支分権に基づいて，2か月に一度支給されることとなっており，たとえば，3月分の年金は，2月分と一緒に4月に受給することになります（後払い）（⇒**図表2-5**）。

　ここで仮に受給権者が3月に死亡したとすると，2月分と3月分の年金が支給されないまま，残ってしまうことになります。これを未支給年金といいます（⇒**図表2-6**）。受給権者は死亡してしまっていますから，もう未支給年金を受け取ることはできないわけですが，未支給年金は，本来受給できるはずの年金

---

**notes** ━━━━━━━━━━━━━━━━━━━━━━━━━━━━━━━━━━●

[4] 行政処分とは，行政庁が一方的に，その判断に基づいて私人の具体的な権利義務関係や法律関係を決定し，法的効果を発生させる行為をいいます。

[5] 基本権とは，年金受給権のうち，年金給付を受ける権利のことをいいます。

[6] 支分権とは，基本権に基づいて，支払期月ごとに，具体的に年金給付の支給を受ける権利のことをいいます。

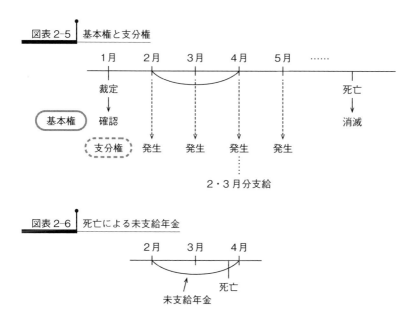

図表 2-5　基本権と支分権

2・3月分支給

図表 2-6　死亡による未支給年金

ですので，受給権者が死亡した当時，生計を同じくしていた配偶者，子，父母，孫，祖父母，兄弟姉妹，それ以外の三親等内の親族が，この順序で請求することができるとされています（国年19条，厚年37条）（⇒付録）。相続とは，範囲や順序が異なっています。なお，国民年金の未支給年金については，遺族がその請求権を確定させるためには，厚生労働大臣（当時は社会保険庁長官）の支給決定が必要であるとされています（最判平成7・11・7民集49巻9号2829頁［百選41]）。

このように裁定がなされ確定した公的年金の受給権は，譲渡すること，担保にすること，差し押さえることが禁止されています（国年24条，厚年41条）。

## 5　不服申立てと訴訟

障害が認定されず，年金が受給できないなど，裁定に不服がある場合，社会保険審査官に対して審査請求をすることができ，その決定にも不服な場合には，社会保険審査会に対して再審査請求をすることができます（国年101条1項，厚年90条1項）。審査請求や再審査請求といった不服申立ての結果にも不服が

ある場合には，取消訴訟などの提起ができます（→おわりに）。

　なお，未支給年金の支払いについて争われた訴訟で，訴訟係属中に原告が死亡した事例において，遺族が訴訟上の地位を承継することはできないとしたものがあります（前掲最判平成7・11・7 ［百選41］）。

 **5　給付 — どのくらいの年金をもらえるの？**

## 1　老齢年金の受給額 ————————————————————●

老齢基礎年金は，保険料納付期間が40年で満額が支給され，40年に満たない部分については，期間に応じて減額がなされます。2022（令和4）年現在，老齢基礎年金は，満額で，年額77万7800円です（国年27条）。

図表2-7　働き方と老齢年金

モデル⑥　卒業後，就職し，企業で勤め続けた人

厚生年金
国民年金
20歳 ①1号 22歳 ②2号 65歳

モデル⑦　卒業後，就職したが，30歳で離職し専業主婦だった人

厚生年金
国民年金
20歳 ①1号 22歳 ②2号 30歳 ③3号 65歳

モデル⑧　卒業後，就職したが，30歳で離職し，専業主婦になったが，40歳で新しく就職した人

厚生年金　　　　　厚生年金
国民年金
20歳 ①1号 22歳 ②2号 30歳 ③3号 40歳 ②2号 65歳

また，老齢基礎年金の受給資格期間の要件を満たしたうえで，厚生年金に加入していた期間が1か月以上ある人の場合，老齢基礎年金に加えて，老齢厚生年金も受け取ることができます。国民年金の給付が基礎にあって，その上に厚生年金の給付が積み重ねられるのです。そのため，「2階建て」といわれることがあります。厚生年金の保険料は収入に応じて決まりますが（⇒3 2），年金額も報酬比例となっています。つまり，保険料を多く支払った人は，年金額も

多くなるというわけです。ここで，またモデルケースをみてみましょう（⇒図表 2-7）。

　モデル⑥の人のように，就職してずっと厚生年金に加入していた人は，その間の賃金やボーナス等に応じて保険料を支払うことになるので，それに応じて厚生年金の受給額が決まります。一方，モデル⑦のように，離職して，厚生年金を脱退して専業主婦・主夫になった場合には，途中から第 3 号被保険者になります。そのため，厚生年金については，就職して厚生年金に加入していた時期の分のみが算定されます。モデル⑧のように，一時離職したのちに，また厚生年金に加入すれば，その部分も合わせて算定されます。

　老齢厚生年金の年金額は，平均標準報酬額の 1000 分の 5.481 に相当する額に被保険者期間の月数を乗じた額とされています（厚年 43 条 1 項）。

　なお，老齢厚生年金は，生活保障の観点から，被保険者期間が 240 月以上あり，受給権者が 65 歳未満の配偶者，または 18 歳未満の子もしくは 20 歳未満の障害児の生計を維持している場合に，加給年金が加算されます。

---

### Column 2-3 ● 離婚による年金分割

　2004（平成 16）年の法改正では，離婚時に夫婦で厚生年金を分割する制度が導入されました。これは，主にサラリーマン家庭の専業主婦・主夫が離婚した場合に，妻の年金がかなり低額になってしまうという問題に対応するために設けられました。（元）夫と（元）妻で個別に年金の受給要件を判断すると，被用者であった夫は，厚生年金に加入しているため，2 階部分も受給できるのに対し，専業主婦・主夫は，基礎年金部分しか受給できず，夫に比べてかなり年金額が少なくなってしまいます。専業主婦・主夫の家事や育児等の貢献は，年金額に反映されないのです。

　年金分割制度は，このような夫婦間の年金格差を是正するために設けられました。年金分割制度には，合意分割と 3 号分割とがあります。合意分割は，婚姻期間の厚生年金保険料納付期間が分割の対象となり，当事者の合意または裁判所の決定により分割割合が決められます（東京家審平成 25・10・1 判時 2218 号 69 頁［百選 40］）。一方，3 号分割は，2008（平成 20）年 4 月以降の婚姻期間のうち，第 3 号被保険者の配偶者の厚生年金保険料納付期間が分割の対象となり，分割割合は 2 分の 1 と決められています。

　年金分割制度の利用により，離婚した女性の老後の経済状況が改善すること

が期待されています。

## 2 障害年金の受給額 ●

　障害年金は，障害認定がなされた月の翌月から受給することができます。老齢年金と同じく，障害基礎年金は定額の受給となり，厚生年金への加入期間があれば，報酬比例で障害厚生年金を受給することができます。

　障害基礎年金の年金額は，障害の程度に応じて異なっています。1級障害の場合，年額77万7800円×1.25（97万2250円）であり，2級障害の場合は，年額77万7800円とされています（2022〔令和4〕年現在）。18歳到達年度の末日（3月31日）を経過していない子，または20歳未満で障害等級1級もしくは2級の障害者の子がいる場合には，年金が加算されます。

　障害厚生年金の場合は，老齢厚生年金と同じく報酬比例で計算されますが，加入期間が300月に満たない場合には，300月とみなして計算されます（厚年50条1項）。そのうえで，2級障害と3級障害の場合は，計算された額が支給され，1級障害の場合は，1.25倍の加算がなされることになっています。3級障害の場合，障害基礎年金が支給されないため，障害基礎年金の4分の3に相当する額（58万3400円）が最低保障額として支給されます。

　なお，障害厚生年金（1級または2級）についても，生活保障の観点から，被保険者期間が240月以上あり，受給権者が65歳未満の配偶者，または18歳未満の子もしくは20歳未満の障害児の生計を維持している場合に，加給年金が加算されます。

## 3 遺族年金の受給額 ●

　遺族基礎年金の年金額は，満額の老齢基礎年金と同額とされており，77万7800円です（国年38条）。一方，遺族厚生年金の年金額は，死亡した被保険者等の老齢厚生年金額の4分の3とされています。ただし，被保険者期間が300

月未満の場合は，300月として算定されます（厚年60条1項1号）。

配偶者が65歳以上である場合には，配偶者自身が納めた保険料を年金額に反映させるため，老齢厚生年金が優先的に全額支給され，老齢厚生年金に相当する額について，遺族厚生年金の支給は停止するとされています（厚年64条の2）。つまり，差額が支給されるということです。

なお，被保険者が死亡した場合，養うべき子どもがいるかいないかで，その家庭の経済的状況は大きく異なるため，遺族基礎年金には，被保険者に18歳未満の子どもがいる場合，加給分が設定されています。

## 4　年金額の改定 ────────────────●

### ▌物価・賃金スライド▌

年金は，保険料の支払いが開始してから受給まで長期にわたることが多いことから，その年金額は，物価の変動に応じて改定される**物価スライド**や賃金の上昇率に応じて改定される**賃金スライド**を行っています。年金額が確定していないのは不安に感じるかもしれませんが，インフレが生じてお金の価値が変わっても，その時の物価や賃金の水準にあわせて年金が支給されるため，スライドの仕組みのない貯金のように，必要と考えて準備していた貯金額では，当初予測していた生活ができなくなるという心配がありません。

### ▌マクロ経済スライド▌

2004（平成16）年の法改正以前は，人口推計や将来の経済の見通し等をふまえたうえで，給付水準と保険料負担を決めていました。そのため，財政再計算を行い，将来必要となる保険料水準の段階的な引上げが計算されていましたが，少子高齢化が急激に進み，保険料水準の見通しは上昇し続けました。そこで，現役世代の保険料負担が重くなりすぎるのを防ぐため，国庫の負担割合を上げるとともに（⇒ 7 1），保険料の上限を設定し，積立金を活用し（⇒ 7 2），公的年金財政の収入が決められました。この収入の範囲内で給付を行うため，年金制度を支える被保険者の人数の変化と平均余命の伸びによる給付費の増加という，給付と負担の変動に応じて給付水準を自動的に調整する**マクロ経済スラ**

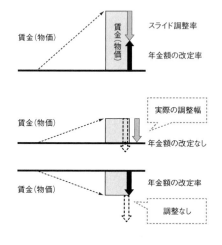

**図表2-8** マクロ経済スライドの仕組み

**＜ある程度，賃金・物価が上昇した場合＞**
○賃金や物価について，ある程度の上昇局面にあるときは，完全にスライドの自動調整が適用され，給付の伸びが抑制される。

➡ スライド調整率分の年金額調整が行われる。

**＜賃金・物価の伸びが小さい場合＞**
○賃金や物価について伸びが小さく，スライドの自動調整を完全に適用すると，名目額が下がってしまう場合には，名目額を下限とする。

➡ スライド調整の効果が限定的になる。

**＜賃金・物価が下落した場合＞**
○賃金や物価の伸びがマイナスの場合には，賃金・物価の下落率分は，年金額を引き下げるが，それ以上の引き下げは行わない。

➡ スライド調整の効果がなくなる。

出典：厚生労働省 HP

イドという仕組みが導入されました（⇒図表2-8）。

## 5 併給調整

　１で学習したように，年金には，老齢，障害，遺族と３種類ありますが，1人の人が3つのうち，複数の受給資格を得ることが起こりえます。たとえば，若いときに，障害が認定され障害年金を受給していた人が，一定の年齢に達して老齢年金の受給資格を得るような場合です。このような場合，障害年金と老齢年金の両方を受給することになるのでしょうか。ここで，もう一度，年金制度の役割を確認してみましょう。１で学習したように，年金制度は，一定の状況（老齢，障害，遺族）により長期的に収入を確保することが困難になったときに，その生活を保障するという役割を果たしています。それでは，「障害」によって確保することが困難になった生活を障害年金によってカバーされていた人に，新たに「老齢」により，さらにカバーしなくてはならない生活困難が発生するでしょうか。原因は異なりますが，結果として，まったく異なる生活困難が二重に発生するわけではありません。そのため，年金は，**1人1年金**が原則とされており，複数の受給資格を得たような場合には，併給調整といって，

給付の調整が行われます。そのため，障害と老齢という2つの要件を満たした人は，障害年金を受給するか，老齢年金を受給するかを選択することになります。

　なお，障害基礎年金と児童扶養手当の併給調整については，法改正がなされました。これまで年金額が児童扶養手当額を上回る場合，児童扶養手当を受給することができませんでしたが，2021（令和3）年3月分の手当以降は，児童扶養手当の額が障害基礎年金の子の加算部分の月額を上回る場合，その差額を児童扶養手当として受給できることとなりました（⇒**CHAP.6** 5）。

## グローバル化と年金
### —海外赴任になったら，年金はどうなる？

　昨今では，グローバル化が進み，日本人が海外に居住することも増えてきています。そのような場合，年金の取扱いはどうなるのでしょうか。

　海外に居住している場合，国民年金の強制加入の対象ではなくなります。しかし，海外に居住しているとしても，それが一時的な転勤にすぎない人や，老後は日本に帰国するつもりの人，日本で年金の保険料を支払っていたが，年金の受給に必要な期間を満たす前に，海外に移住することになった人もいるでしょう。しかし，④で学習したように，年金を受給するためには，一定期間，被保険者として保険料を支払う必要があります。そのため，海外居住時に，未加入・未納状態になれば，年金を受給できないということになりかねません。そこで，日本国籍のある人は，国民年金に任意加入することができます。

　また，海外で勤務する場合には，勤務地である相手国の年金制度に加入しなくてはならないことがあります。しかし，相手国の保険料支払い期間を満たさなければ，支払った保険料が掛け捨てになったり，日本でも相手国でも保険料を支払い続けると，二重負担が生じたりすることがあります。これらの問題に対応するために，**社会保障協定**が締結されることがあります。社会保障協定により，2国間の保険料の支払いを調整したり，相手国での年金加入期間を日本の年金加入期間とみなし，年金の受給を可能にすることができます。ただし，脱退一時金を受け取ると年金加入期間の実績は消失することに注意が必要です。

なお，2022（令和4）年6月時点で，日本は23か国との協定に署名しており，22か国分は発効しています。英国，韓国，イタリア（未発効）および中国との協定については，「保険料の二重負担防止」のみです。

---

**Column 2-4 ● 外国人が日本に居住する場合**

　日本国籍を持っていない外国人が日本に居住する場合，日本の国民年金の強制加入の対象となります。しかし，一時的に日本に居住し，母国に帰るつもりの外国人などの場合，特に老齢年金については，10年間の年金受給資格要件を満たすことができないため，保険料の掛け捨てになりかねません。そのため，母国に帰ってから2年以内であれば，脱退一時金を請求することができます。

　また，日本の企業で勤める外国人の場合は，厚生年金に加入しなければなりません。このような外国人については，海外に勤務する日本人と同様に，社会保障協定を結んでいる国の国籍を持っている人であれば，日本で保険料を支払ったことが，母国の保険料支払期間に反映されます。

---

 **財政 —年金の財源はどこから？**

## 1 社会保険方式と税方式

　④で学習したように，日本の公的年金は，一定期間保険料を納付しなければ受給することができないようになっており，社会保険方式をとっています。これに対し，税金を主な財源とする税方式をとる国もあります。しかし，日本の公的年金の財源も，そのすべてが社会保険料で賄われているかというと，そうではなく，財源に税金等が投入されているのです。厚生年金の給付については，基本的に保険料から拠出されますが，国民年金の給付については，保険料と国庫から拠出されています（⇒**図表2-9**）。国庫負担の割合については，以前，3分の1とされていましたが，2004（平成16）年の法改正により，2分の1に引き上げられることとされ，2009（平成21）年度から2分の1となりました。これは，年金の給付水準を適正に維持しつつも，現役世代の保険料負担が重くなりすぎないようにするためです。

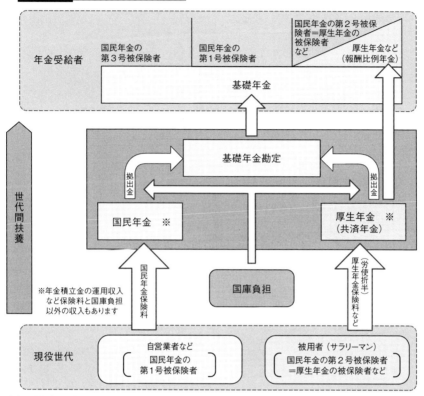

図表 2-9 公的年金の財源の仕組み

出典:厚生労働省「平成25年度年金制度のポイント」

　社会保険方式に対しては，保険料の未納問題や未納者が低年金・無年金となってしまう問題等が挙げられています。一方で，税方式に対しては，社会保険方式では保険料の納付という実績を根拠として給付が決定されるのに対し，負担と給付の関係が比較的弱くなり，権利性が弱まることや保険料拠出の基盤となる就労へのインセンティブが乏しくなることが問題として挙げられています。

## 2 賦課方式と積立方式

　年金制度は，その運営方式が**賦課方式**と**積立方式**に分かれます。賦課方式と

国民

保険料　　　　　　　年金給付

厚生労働大臣（保険者）

運用寄託　　　　　　運用収益の
　　　　　　　　　　国庫納付

年金制度運営の
安定に貢献する
ことが使命

GPIF　年金積立金管理運用独立行政法人

経営委員会
（経済，金融，資産運用，経営管理等の専門家及び理事長）
中期計画（基本ポートフォリオ等を含む）の作成等重要事項に係る決定

意見陳述・
監査結果の報告　　　　監査

執行監督

監査委員会

監査等

執行部
運用受託機関の管理等

運用委託　　　　　　運用収益

運用受託機関（信託銀行・金融商品取引業者）

一部国内債券の
自家運用

証券取引

金融市場
（国内外の債券市場，株式市場）

出典：年金積立金管理運用独立行政法人 HP

　は，現在給付している年金の財源を，将来の年金受給者である現役世代の保険料で支えるという方式です。つまり，年金受給者の多くを占める高齢世代を現役世代が支えるという，**世代間扶養**の仕組みとなります。一方，積立方式とは，将来受給する年金給付の財源をそれぞれの世代が自分で積み立てるという方式です。

　昨今，少子高齢化が急速に進行するのに伴い，賦課方式に対しては，世代間の負担に不公平が生じていることが批判されていますが，積立方式には，積立

金の運用リスクや，予想以上に平均寿命が伸びた場合の対応が難しいといった問題点もあります。

　日本は，積立方式で始まりましたが，急激なインフレにより，積立金の実質的価値が減少するなどの問題が生じ，積立不足分を後代の被保険者の負担とする修正積立方式とされ，現在では積立金を保有しつつ，賦課方式の要素を強く持つ運営方式となっています。年金積立金は，約190兆円（2022〔令和4〕年）ありますが，厚生労働大臣から寄託を受けた**年金積立金管理運用独立行政法人(GPIF)** により管理・運用され，その収益が国庫に納付されています（⇒**図表2-10**）。

## 3　財政検証

　公的年金制度は長期的な制度であるため，社会・経済の変化をふまえ，適切な年金数理に基づいて，長期的な年金財政の健全性を定期的に検証することが必要とされています。財政検証は，5年に一度行われ，100年後に年金給付費1年分の積立金を持つことができるように，年金額の伸びの調整を行う期間を算定します。通常，賃金や物価が上昇すると，それにあわせて年金額も増加しますが，調整の必要がある期間については，年金額の増加を少なくすることで，財政の均衡をとろうとするものです。この調整は，経済状況等に応じて行われます。

---

**CHECK**

□ 1　公的年金制度の目的は，何ですか。

□ 2　公的年金制度には，どのようなものがありますか。

□ 3　公的年金の各被保険者の保険料はどのようにして決まっていますか。これに関連し，第3号被保険者制度の是非について，どのような意見が出されていますか。

□ 4　老齢年金，障害年金，遺族年金の違いは何ですか。

□ 5　各年金の受給要件は，どのようになっていますか。

□ 6 各年金の受給額は，どのように決まりますか。これに関連し，物価スライドや賃金スライド，マクロ経済スライドとは，どのようなものですか。

□ 7 社会保障協定とは，何のために締結されますか。

□ 8 年金の財政方式について，社会保険方式と税方式の違い，賦課方式と積立方式の違いは何ですか。

# 第 3 章

# 労災補償

　私たちは，日々の生活を営むため，家計を支えるため，あるいは，生きがいを求めて仕事をしますが，企業などに雇われて仕事をしている人（労働者）が多くを占めています。そのような労働者のなかには，仕事が原因で病気になったり，けがを負ったりする人もいます。その場合，その労働者は療養を受ける必要があったり，療養中に仕事ができずその間の収入が途絶えたり，その後も障害が残ってそれまでの仕事が継続できなくなってしまうことがあります。また，不幸にも仕事が原因で労働者が死亡し，その労働者の収入に頼って生活していた家族の生計が成り立たなくなってしまうこともあります。このような，仕事を原因として生じた災害による損失の補償を目的とする制度が労働者災害補償保険（労災保険）です。

　他方，使用者あるいは第三者の故意や過失によって労働災害が発生した場合，その使用者や第三者に民法上の損害賠償責任を追及することもできます。

　本章では，仕事が原因で生じた労働者の損失を補償するこれらの制度（労災保険と民法上の損害賠償による補償をあわせて労災補償といいます）を取り上げます。

# 1 制度の目的 ―どうして労災保険制度は必要なの？

## 1 労災保険制度の成立と展開 ─────────────●

### 労災保険制度の意義

　そもそも，労災保険は何のためにあるのでしょうか。病気やけがになっても，その医療は基本的に医療保険（⇒**CHAP.1**）でカバーできますし，障害が残ってしまったり，あるいは不幸にも亡くなってしまい遺族が残されたとしても，公的年金（⇒**CHAP.2**）などの所得保障制度があります。にもかかわらず，日本を含め，各国で労災に対する補償制度[1]が設けられているのは，営利活動によって利益を得ている使用者に労働者が被った損害を補償させるべきという考え方があるからです。

### 労働基準法と労働者災害補償保険法

　日本で，現在の労災保険制度の基礎となっているのは，1947（昭和22）年に制定された労働基準法（以下「労基法」ということがあります）と労働者災害補償保険法（以下「労災保険法」といいます）です。

　まず，労働基準法は，仕事が原因で労働者が病気になったり，けがをしたりした場合に，その労働者を雇っている使用者に対して，その損害を補償する責任（災害補償責任）を課しています（労基75条以下）。これは使用者に故意や過失がなくても負う責任（無過失責任）とされています。しかし，使用者に資力（支払能力）がなければ，事実上，その労働者の補償をすることはできません。そこで，労働基準法と同時に労災保険法が制定され，保険者（政府）が使用者から事前に保険料という形でお金を集めておいて，仕事が原因で病気やけがなどをした労働者に対して，その損害の補償のための給付を行う制度（以下「労災保険制度」といいます）が設けられたのです。

notes ─────────────────────────────────●
　[1]　補償とは，損失を補い，埋め合わせることを意味します。

こうして始まった労災保険制度ですが，その後，適用対象・給付内容・給付水準などの面で拡大・充実していきます。たとえば，1960（昭和35）年改正では，被災労働者に障害が残った場合に支給される給付の一部が年金として支給されるようになりました。また，制度創設当初は，通勤途上の災害（通勤災害）に対する補償をしていなかったのですが，それに対する給付制度も1973（昭和48）年の改正によって導入されています。そのほかにも特別支給金制度の創設（1974〔昭和49〕年改正），二次健康診断等給付の創設（2000〔平成12〕年改正）などがあります。近年では，働き方の多様化に伴い，特別加入制度の対象者の拡大や，いわゆるダブルワークに従事する者など複数の会社で雇用されている労働者（複数事業労働者といいます）に対する保険給付についての改正がなされています。

このように労災保険は，制度創設から現在に至るまで拡大・充実することにより，使用者の災害補償責任を担保するもともとの制度から，被災労働者に対する広範な補償制度として発展してきました。このことは「労災の一人歩き現象」といわれることもあります。

## 2 労災保険制度の目的

労災保険制度は，労働災害（業務災害と通勤災害）の被害に遭った労働者（被災労働者）やその遺族に対して保険給付を行う制度です。また，被災労働者の社会復帰の促進や，被災労働者とその遺族の援護，労働者の安全や衛生を確保することによって，労働者の福祉を増進することも目的としています（労災1条）。

なお，労災に遭ったときに必要な医療は労災保険から給付され，医療保険（⇒**CHAP.1**）からの給付はありません。

| 3-1 | RESEARCH |
| --- | --- |

労災保険法による給付の範囲・内容と，労働基準法上の使用者の災害補償責任の範

囲・内容を比較してみましょう。

考えてみよう　　　　　　　　　　　　　　　　　　　　　　　3-1

　「労災の一人歩き現象」と表現されるように，現在では，労災保険制度は，労基法上の使用者の災害補償責任の範囲を大きく超え，拡大・充実してきています。政策論としては，労基法上の使用者の災害補償責任から分離して，働く人全体の災害補償制度を考えることもできます。雇用形態や働き方も多様化しているなかでの今後の労災保険制度のあり方について議論してみましょう。

# 　労災保険の法律関係 —誰が保護の対象となるの？

## 1　労災保険の保険関係

### 保険者

　労災保険の保険者は政府です（労災2条）。労災にあたるかどうかの判断，給付の支給などの実際の事務は，労働基準監督署が管轄しています。

### 適用事業

　労災保険は，労働者を使用する「**事業**」に適用されます（労災3条1項）。ここでいう「事業」とは，一定の場所で，一定の組織のもとに有機的に行われる作業の集合体のことです。たとえば，ある企業のなかに本社といくつかの支社がある場合，本社や支社のそれぞれが1つの事業となりますし，建設工事の現場などはその現場が1つの事業です。このように「事業」を単位としているのは，労災の発生率が「事業」により異なることから，それを保険料率に反映させるためです（⇒3）。

### 保険関係の成立と消滅

　労災保険の保険関係は，労災保険の適用のある事業の事業主[2]と保険者

notes ─────────────────────────────────────────
　[2]　「使用者」は労働者を雇用し使用する主体，「事業主」はその事業を運営する主体の意味ですが，労災保

（政府）の関係のことで，その事業が開始された日に成立し，その事業が廃止されたり終了した日の翌日になくなります。なお，労災保険の保険関係については，労災保険法ではなく，「労働保険の保険料の徴収等に関する法律」（以下「徴収法」といいます）に規定されています[3]。

---

## 2　労災保険の保護の対象となる労働者

### 労働基準法上の労働者

　労災保険制度は，「労働者」を使用する事業に適用されます。労災保険制度が労基法上の使用者の災害補償制度を基礎とした制度であることから，この「労働者」は，労基法上の「労働者」，すなわち，「事業又は事務所（……）に使用される者で，賃金を支払われる者」です（労基9条）。

　「労働者」に該当するかどうかは，契約の形式・文言や，正規雇用か非正規雇用かといった雇用形態の違いに関係なく，労務提供の実態に即して判断されますが，その判断が非常に難しい場合もあります。自分で所有するトラックを用いて，ある会社の専属で運送業務をしていた運転手（傭車運転手といいます）について，指揮監督の態様や時間的，場所的な拘束の程度，報酬の支払い方法等から労災保険法上の労働者に該当しないとされた事例があります（最判平成8・11・28判時1589号136頁［百選48]）。

### 特別加入制度

　労災保険は，労働者でなければ，仕事中に被災しても原則として給付を受け

---

**notes**

ることはできません。しかし，厳密には労働者といえなくても，働き方が労働者と類似しているなどの理由で，労災保険制度によって保護したほうがよい人たちもいます。そのため労災保険には労働者でない人のための**特別加入制度**が設けられています（労災 33 条以下）。特別加入制度の対象となるのは，中小企業の事業主，個人タクシー業者や大工などのいわゆる一人親方，海外派遣者などです。ただ，中小企業の事業主や一人親方の場合，すべての業務が労災保険の保護の対象となるのではなく，労働者の行う業務と同じ業務のうち保険者に申請して承認された業務の範囲に限られます（最判平成 24・2・24 民集 66 巻 3 号 1185 頁［百選 55］参照）。海外派遣者については，事業主が申請し，政府の承認を得ることで，労災保険の保護の対象とすることができます。また，近年の改正により，芸能関係の業務に従事する者（芸能実演家や芸能製作作業従事者），アニメーション制作の作業に従事する者，自転車を使用して貨物運送事業を行う者，IT フリーランスなども特別加入制度の対象者となっています。

　なお，公務員は労基法上の労働者ではありませんので，労災保険の対象ではありませんが，国家公務員災害補償法と地方公務員災害補償法が公務員の災害補償制度を規定しています。

##  保険料 ―誰が負担するの？

　労災保険は，使用者の災害補償責任を基礎とした制度ですので，使用者だけが保険料を支払います。労働者の負担する保険料はありません（使用者の負担する保険料については⇒ *6*）。

##  受給の手続 ―労災保険給付をもらうためには？

　労災保険法では，労働者の業務上の負傷，疾病，障害または死亡を**業務災害**，労働者の通勤による負傷，疾病，障害または死亡を**通勤災害**として，保険給付の対象としています（本章では，負傷，疾病，障害または死亡をまとめて「病気やけが」といいます）。具体的にどのようなときに受給できるのでしょうか。

## 1 労災保険の受給手続

業務災害や通勤災害による病気やけがについて，その治療を労災の医療給付（療養補償給付または療養給付）として受ける場合には，原則的には労災病院または労災指定病院で受ける必要があります（ただほとんどの病院，診療所は指定を受けています）。その他の労災保険給付については，管轄の労働基準監督署長に請求します。

労災保険給付を請求するときには，請求書に加えて，医師と事業主の証明書を提出することが必要となります。ただ事業主としては，労災を発生させると保険料などの点で不利益になるので（メリット制 ⇒ ⑥），場合によっては，証明書の発行を拒むことがあり，その結果，被災労働者が労災保険給付を受けられないことがあります。これは「労災隠し」などといわれます（もちろん違法です）。

労働基準監督署長は，労災保険給付の請求があると，調査を行い，支給決定，あるいは，不支給決定をします。決定内容に不服がある場合には，労働者災害補償保険審査官に対する審査請求を経た後（労働保険審査会に対して再審査請求をすることもできます），最終的に裁判で争うことになります。

## 2 業務災害

### 「業務上」の病気やけがとは

ある病気やけがが「業務上」のものであると認められるためには，その病気やけがの原因が業務にある，すなわち業務とその病気やけがとの間に因果関係があるといえることが必要です。この業務と病気やけがとの間の因果関係を**業務起因性**といいます。

業務起因性があるといえるためには，その仕事をしていなければ病気やけがにならなかったであろうという単なる条件関係があるだけでは不十分で，その仕事をしていると，その病気やけがになってもおかしくはない，難しく言うと，業務に内在している危険が顕在化したといえる程度の関係が必要です。

## 病気やけがが業務上のものかどうかの判断

業務起因性の有無について，行政実務では，まず，労働者が病気やけがになったときに業務をしていたのかどうか（これを**業務遂行性**といいます）の判断をします。業務遂行性があるとされると，続いてその病気やけがは本当に業務が原因なのかどうか（業務起因性）が判断されます（⇒**図表3-1**）。

## 業務遂行性──労働者はそのとき仕事をしていたの？

業務遂行性があるとは，病気やけがになったときに「具体的な業務を行っていた」という狭い意味ではなく，「労働者が事業主の支配下または管理下にあった」という広い意味です。事業主の支配下にあるとは，事業主の目の届く範囲，典型的には職場にいることであり，管理下にあるとは，事業主の指示に従って仕事をしている状態にあることです。

具体的には，下記①〜③の場合は，「事業主の支配下または管理下にあった」といえるため，基本的に業務遂行性が認められます。

① 職場内で仕事をしているとき（仕事そのものではないけれども，仕事をしているときに通常行われる行為〔着替えなど仕事のための準備や，トイレに行くことなど〕を含みます）

→使用者の支配下：○，使用者の管理下：○

② 職場内にいるけれども，仕事をしていないとき（職場内で昼食をとっているときや，就業時間終了後の職場内でのサークル活動中など）

→使用者の支配下：○，使用者の管理下：×

③ 職場内にはいないけれども，仕事をしているとき（外回りの営業，出張など）

→使用者の支配下：×，使用者の管理下：○

他方で，職場内におらず，仕事をしているかどうかも曖昧な場合（運動会，宴会，

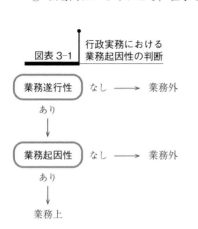

図表 3-1　行政実務における業務起因性の判断

業務遂行性 ── なし ──→ 業務外

↓ あり

業務起因性 ── なし ──→ 業務外

↓ あり

業務上

懇親会，社内旅行，その他の行事などへの参加など→使用者の支配下：×，使用者の管理下：△）は，その行事の主催など中心的役割を業務命令として受けている場合や，それらの行事が取引上の必要から行われる場合など，行事への参加が業務として行われているなどの事情があれば，業務遂行性が認められます。

## ▍業務起因性の判断 ▍

業務遂行性が認められると，続いて業務起因性が判断されます。

まず，職場内で仕事をしているとき（上記①のとき）になってしまった病気やけがについては，基本的に業務起因性は認められます。職場内にいるけれども仕事をしていないとき（上記②）は，その病気やけがが，職場内の施設（またはその管理）に起因していることが証明されれば業務起因性は認められます。職場内にはいないけれども仕事をしているとき（上記③）になってしまった病気やけがについても業務起因性は肯定されます。たとえば，出張先の宿泊ホテルで生じた事故でけがをした場合でも特段の事情のない限りは業務上の災害となります。

そのほかに，業務起因性の有無が問題となる例として，業務遂行中に，同僚労働者や第三者とけんかなどをしてけがをした場合などがあります。この場合，一般的には業務起因性は否定されますが，その災害（他人の加害行為）の原因が業務にあって，業務と災害との間に因果関係が認められれば，業務上の災害と認められることもあります。また，天変地異（暴風雨，水害，地震，土砂崩れ，雪害，落雷，噴火等）は業務と無関係な自然現象ですので，業務遂行中に天変地異によって災害を被ったとしても一般的には業務起因性は認められません。ただ，天変地異によってその災害を被りやすい業務上の事情が存在し，その事情と相まって災害が発生したものと認められれば，その災害は業務に内在する危険が顕在化して発生したものとして業務起因性が肯定されることもあります。

## ▍いつの間にか病気になったけれども，その原因は仕事にあるように思われる病気 ▍

(1) **職業病**　病気のなかには，仕事が原因と考えられるけれども，いつどこでなったのかがはっきりしないものも多くあります。たとえば，長い期間，

紫外線にさらされる業務をしていて，いつの間にか皮膚の病気になっていた場合や，常に大きな音がしている職場で仕事をしていていつの間にか難聴になっていた場合などです。これらのいわゆる職業病が業務災害と認められるためには，やはり業務起因性が必要です。しかし，労働者にとってそれを証明することは非常に困難です。そこで，労災保険制度では，仕事が原因であることがはっきりしている病気をリストにして列挙しています（労働基準法施行規則35条・別表第1の2）。この表（**職業病リスト**）にある病気については，仕事のほかに明らかな原因がなければ「業務上の疾病」と認められます。

(2) **過労死**　　過労死とは，一般的に，長時間労働や心理的に大きな負担がかかる業務（過重業務）が続いたときに，脳・心臓疾患（脳内出血やくも膜下出血などの脳疾患や，心筋梗塞，心不全などの心臓疾患）にかかり，それが原因で死亡することです。

過労死（過重業務による脳・心臓疾患）も，職業病リストに含まれています。しかし，脳・心臓疾患は，通常は，仕事だけを原因として発症するものではなく，仕事以外にも労働者本人の生活習慣やこれまでにかかった病気など，いろいろなものに原因があります。そのため，脳・心臓疾患の原因が，過重業務にあるかどうかを判断するための基準が設けられています（⇒ **Column 3-1** 参照）。この基準によれば，たとえば，脳・心臓疾患の発症1か月前に100時間の時間外労働をした場合，業務との関連性が強いと判断されます。他方で，基準を下回る労働時間のときに発症した脳・心臓疾患などは，労災認定を受けられない場合も多く，裁判で争われる事案も増えています [4]。

---

**Column 3-1 ●　過労死の労災認定基準**

過労死の労災認定に関する現行の基準は「血管病変等を著しく増悪させる業務による脳血管疾患及び虚血性心疾患等の認定基準」（令和3・9・14基発0914第1号）です。それまでの過労死の労災認定に関する基準は，慢性的な長時間労働の人体に与える影響等を考慮して脳・心臓疾患の業務起因性の判断を行った最高裁判決（横浜南労基署長事件・最判平成12・7・17判時1723号132頁［百選51］）を受けて平成13年に改定されたものでした。現行の基準

---

notes ─────────────────────────────────────────────

[4]　なお，この基準は行政規則ですので裁判所を拘束するものではありません。

はこれを改定したもので，長時間労働に満たない場合でも労働時間と労働時間以外の負荷要因を総合評価して労災認定を行うことなどを明確化しています。

(3) **過労自殺**　いわゆる過労自殺とは，労働者が過重業務やそれに伴うストレスなどによって精神疾患を発症し，それが進行して自殺することです。

被災労働者の故意または重過失によって労働災害が生じた場合は，労災保険給付がなされないことがあるとされていますので（労災12条の2の2），過労自殺は業務災害ではないと考えることもできます。しかし，今日では，過労自殺は，過重な業務やストレスのかかる業務によって精神疾患を発症し，それが悪化して，希死念慮[5]によって自殺に至ったものと評価され，故意による自殺ではないと解釈されており，労災保険の対象になっています（職業病リストにも含まれています）。

ただ，精神疾患も，業務のみを原因とするものではなく，その人のストレスへの耐性の強さなども大きく影響するものです。そこで，精神疾患が業務に起因しているかどうかについても，脳・心臓疾患の場合と同じように行政の基準が作られています（「心理的負荷による精神障害等の認定基準について」〔平成23・12・26基発1226第1号〕）。

(4) **複数事業労働者の過労死・過労自殺の判断**　複数事業労働者に過労死や過労自殺の疑いがある場合，1つの会社における仕事の負荷を評価するだけでは，その労働者の実際の仕事の負荷やストレスを適切に評価できないこともあります。そこで，複数事業労働者の過労死・過労自殺の判断については，雇用されている会社における仕事の負荷を個別に評価しても労災認定できないときは，雇用されているすべての会社における仕事の負荷を総合的に評価して業務上がどうかの判断をすることになっています。このような複数事業労働者に生じた2以上の事業の業務を要因とする負傷，疾病，障害または死亡などの災害を複数業務要因災害といいます。複数業務要因災害は，脳・心臓疾患や精神障害などに限られます。

---

[5] 「死にたい」という気持ちが持続的に生じている状態をいいます。

## Column3-2 ● テレワークと労働災害

　2019（令和元）年に発生した新型コロナウイルス感染症の流行の社会的な影響の1つとして挙げられるのは，労働者が情報通信技術を利用して行う事業場外勤務（テレワーク）が広がったことです。このようなテレワークを行う労働者についても，使用者は，職場における業務と同様，労働基準法に基づく災害補償責任を負います。したがって，テレワーク時に業務に起因して生じた災害（病気やけが）は労災保険給付の対象となります。ただ，特に自宅におけるテレワーク（在宅勤務）中には私的行為が行われることもあり，テレワーク時に起こった災害が業務上か否かの判断が難しいときもあります。このような場合でも適切に業務上外認定がなされるように，業務と私的行為を明確に区別することなどが重要です。

　また，サテライトオフィス勤務やモバイル勤務など，自宅や通常の職場以外の場所で勤務することになっている場合に，自宅からその勤務場所に移動する経路上の事故によりけがをしたときは通勤災害と認定されることもあると考えられます。

## 3　通勤災害 ●

　労災保険制度は，制度ができたときは，通勤災害に対する補償を行っていませんでした。通勤それ自体は業務ではないため，使用者の災害補償責任の範囲にないと考えられたからです。しかし，労働者が通勤中に交通事故に遭うなどの事例が増加したことなどの理由により，1973（昭和48）年に通勤災害制度が設けられました。

### 「通勤」とは

　労災保険法では，「通勤」とは，労働者が，「就業に関し」，労災保険法7条2項に定める「移動」を，「合理的な経路及び方法」で行うこととされています。労災保険法7条2項で定められている移動は次の3つです。

① 住居と就業の場所との間の往復

② 複数の事業主のもとで仕事をしている労働者が，ある職場から別の職場に向かう移動

③ 単身赴任をしている労働者の，赴任先の住居と帰省先の住居との間の移動

(1) **就業に関し**　「就業に関し」とは，住居と就業の場所との間の移動等が，業務に就くため，または，業務が終了したことによって行われることが必要という意味です。したがって，たとえば，休日に同僚と単に待ち合わせをしたり，業務命令もないのに休日に仕事をするため職場に行く行為は，「就業に関し」とはいえません。

(2) **合理的な経路および方法**　「合理的な経路及び方法」とは，住居と就業の場所との間を移動する場合に，一般の労働者が使うものと認められる経路および手段です。通勤手当などの支給を受けるために会社に届け出ている経路・手段はもちろん合理的な経路ですが，それ以外の経路・手段でも，通常それに代替するようなものであれば，合理的な経路・手段と認められます。また，自分の子どもを保育所等に預けて出勤する行為も，それが遠回りであっても，ほかに子どもを監護する者がいない共稼ぎの世帯などでは，就業のためにとらざるをえない行為ですので合理的な経路になります。

(3) **「逸脱」「中断」の場合**　通勤の途中で，通勤とは関係のない目的のために合理的な経路をそれることを「逸脱」，通勤を中断して通勤と関係のない行為を行うことを「中断」といいます。「逸脱」または「中断」した場合には，「逸脱」や「中断」の間も，その後の移動についても，原則として通勤とはみなされません（労災7条3項）（⇒図表3-2）。

ただ，これには例外があり，日用品の購入，職業訓練や教育訓練，選挙の投票，受診行為，要介護状態にある配偶者や父母等の介護をするために「逸脱」「中断」した場合は，通勤経路への復帰以降は通勤とみなされます。

---

3-3　　　　　　　　　　　　　　　　　　　**RESEARCH**

要介護状態の父母等の介護をするために「逸脱」した場合でも，通勤経路に復帰した後は通勤とみなされる，という法令改正は，大阪高判平成 19・4・18 労判 937号 14頁［百選 54］が契機となってなされました。この判決について調べてみまし

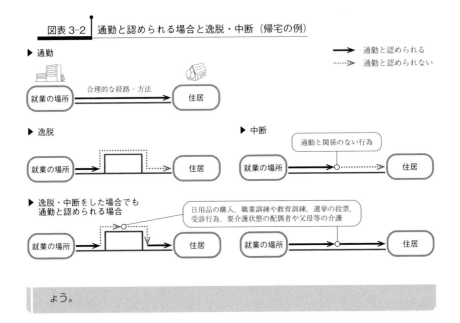

図表 3-2　通勤と認められる場合と逸脱・中断（帰宅の例）

▶ 通勤　　　　　　　　　　　　　　　　　　　　　　　　　　　　　通勤と認められる
　　　　　　　　　　　　　　　　　　　　　　　　　　　　　　　　　通勤と認められない

| 就業の場所 | ――合理的な経路・方法――→ | 住居 |

▶ 逸脱

| 就業の場所 | → □ ⇢ | 住居 |

▶ 中断　　　　　　　通勤と関係のない行為

| 就業の場所 | →○⇢ | 住居 |

▶ 逸脱・中断をした場合でも　　　　日用品の購入，職業訓練や教育訓練，選挙の投票，
　通勤と認められる場合　　　　　　受診行為，要介護状態の配偶者や父母等の介護

| 就業の場所 | →□→ | 住居 |

| 就業の場所 | →○→ | 住居 |

ょう。

## 通勤起因性

　通勤途中に生じた災害による病気やけがが通勤災害と認められるためには，通勤とその病気やけがとの間に一定の因果関係（これを**通勤起因性**といいます）が必要です。通勤起因性が認められる典型例は交通事故ですが，そのほかに，駅の階段で転倒してけがをした，歩いていたら建築現場から落ちてきたものに当たってけがをした，などが挙げられます。他方で，他人から個人的な恨みを買っていて，たまたま通勤の途中で暴行されてけがをした場合などは，通勤が原因の災害とはいえないので通勤起因性は認められません。

## ⑤ 給付 ―どんな給付をもらえるの？

　業務災害や通勤災害に遭った労働者またはその遺族は，所定の労災保険給付を受給することができます。労災保険制度が用意している給付は，業務災害に関する給付および通勤災害に関する給付です。そのほかに二次健康診断等給付という給付もあります [6]。

## 1 労災保険の給付

### 業務災害，複数業務要因災害，通勤災害に関する各給付

労災保険制度は，業務災害に関する給付，複数業務要因災害に関する給付，および，通勤災害に関する給付として，各7種類の給付を用意しています（⇒図表3-3）。たとえば，療養するときの給付は，それぞれ**療養補償給付**，**複数事業労働者療養給付**，**療養給付**です。業務災害に関する給付のみ「補償」の文言が含まれているのは，業務災害に関する給付が労基法上の使用者の災害補償責任を担保するためであるのに対し，複数業務要因災害や通勤災害に関する給付は，本来的には（単一の）使用者の災害補償責任とは関係ないことによります。

### 特別支給金

労災保険では，保険給付だけでなく，被災労働者の社会復帰やその家族の就学援助などの**社会復帰促進等事業**（⇒ **3**）が行われており，その1つに被災労働者またはその遺族に対する特別支給金の支給があります。特別支給金は，制度的には災害補償ではありませんが，実際上は，保険給付の補足や上乗せの機能があります。

### 給付基礎日額──労災保険給付額の算定基礎となる単位

労災保険制度には7つの種類の給付がありますが，そのなかで金銭給付（休業補償給付，障害補償給付等）の算定の基礎となるのが給付基礎日額です。その額は労基法12条の平均賃金に相当する額となっています（労災8条1項）。なお，複数事業労働者の給付基礎日額は，雇用されているそれぞれの会社から支払われている賃金額を基に計算した給付基礎日額（に相当する額）を合算した額となります（同条3項）。

---

— notes

[6] 二次健康診断等とは，一次健康診断（労働安全衛生法に基づく定期健康診断）の結果，脳血管疾患や心臓疾患に関係する検査について異常があると診断された場合に受けることができる二次健康診断と，特定健康指導（栄養指導・運動指導・生活指導）です。

## 2 給付の種類と内容

労災保険の給付の種類と内容は後掲図表 3-3 のとおりです。

### 考えてみよう 3-2

公的年金制度と労災保険制度で障害等級は異なります。それはなぜなのか，公的年金制度と労災保険制度の目的の違いから考えてみましょう。

### Column 3-3 ● 男女で異なる障害等級と憲法 14 条

労災に被災した労働者に残った障害のうち著しい外貌の醜状障害については，従来，男女で障害等級が異なっていました。これについて京都地判平成 22・5・27 判時 2093 号 72 頁［百選 56］は憲法 14 条に違反していると判断しました。このように，社会保障制度には男女の取扱いに差が設けられている例が多くみられます。これらのなかには，立法当時はこのような男女の取扱いの差が正当化されていたものの，その後の社会状況の変化によって今日では差別的取扱いとされるものもあります。その意味では，現在の社会保障制度に存在する男女の取扱いの差についてあらためて考える必要があるでしょう。

なお，障害等級表は改正され，この障害についての男性の等級が女性の等級にあわせて引き上げられたため，現在は男女間の差はなくなっています。

## 3 社会復帰促進等事業

労災保険制度は，これまで説明してきた労災保険給付とともに，被災労働者の社会復帰の促進や，被災労働者やその遺族の援護など，労働者の福祉の増進を目的として，社会復帰促進等事業を実施しています。

 財政 ─労災保険の財源はどこから？

労災保険給付に必要な費用は，事業主が負担し納付する保険料によって賄われています。労災保険の保険料の計算は，基本的には，その事業で雇われてい

る労働者の賃金総額に労災保険料率をかけた額です。

### ▌労災保険料率▐

　労災保険の保険料率は，業種別に決まっています。これは，事業によって労災の発生率が異なるからです。たとえば，一般のホワイトカラー（⇒**CHAP. 1** ③）の事業では 0.25% から 0.35% 程度ですが，金属鉱業では 8.8% となっています。

### ▌メリット制▐

　労働災害の発生率は事業の内容によって異なりますが，同種の事業でも，労働災害をなるべく発生させないように努力している事業所と，労働災害の防止に関心がなく，結果として労働災害を多発させているような事業所に同じ保険料率を適用するのは不公平ですし，また，労働災害を防止しようとする事業主のインセンティブを失わせてしまいます。そこで，このような不公平を防止し，事業主に作業環境の改善など労働災害を予防する取組みを促すために，労災保険料率を過去の労災の発生率に応じて 100 分の 40 の範囲で上下させる仕組みがあります（徴収法 12 条 3 項）。これを**メリット制**といいます。

　なお，複数事業労働者に生じた業務災害については，その業務災害が発生した事業場から支払われていた賃金（給付基礎日額）に相当する保険給付額のみがメリット制に影響します。

#  労災民訴 —労災保険と民事損害賠償の関係は？

## 1　労災保険制度と損害賠償制度 ─────────────●

　これまでみてきたように，業務上，あるいは，通勤途上で災害に遭った労働者は，労災保険法による給付を受けることができます。それとは別に，民法に基づいて，加害者である使用者や第三者に損害賠償を請求することもできます。このように日本では，労災保険制度と民法に基づく損害賠償制度が併存していますが，その理由は，労災保険制度は全損害をカバーするものではないためで

図表 3-3 労災保険の給付の種類と内容

| | 保険給付の種類（＊1） | | 給付される場合 |
|---|---|---|---|
| | 業務災害に関する給付 | 通勤災害に関する給付 | |
| 労働災害に関する給付 | 療養補償給付 | 療養給付 | 労災による病気やけがにより療養するとき（労災病院や労災指定医療機関等で療養を受けるとき） |
| | | | 労災による病気やけがにより療養するとき（労災病院や労災指定医療機関等以外で療養を受けるとき） |
| | 休業補償給付 | 休業給付 | 労災による病気やけがのため労働することができず，賃金を受けられないとき |
| | 障害補償給付 | 障害給付 | |
| | 障害補償年金 | 障害年金 | 労災による病気やけがが治った後に障害等級第1級から第7級に該当する障害が残ったとき（＊5） |
| | 障害補償一時金 | 障害一時金 | 労災による病気やけがが治った後に障害等級第8級から第14級に該当する障害が残ったとき（＊5） |
| | 遺族補償給付 | 遺族給付 | |
| | 遺族補償年金 | 遺族年金 | 労災により死亡したとき |
| | 遺族補償一時金 | 遺族一時金 | 労災による死亡につき，以下のいずれかに該当するとき<br>(1) 遺族（補償）年金を受ける遺族がいないとき<br>(2) 遺族補償年金の受給者が失権し，かつ，ほかに遺族（補償）年金を受けられる者がない場合で，すでに支給された年金の合計額が給付基礎日額の1000日分に満たないとき |
| | 葬祭料 | 葬祭給付 | 労災により死亡した労働者の葬祭を行うとき |
| | 傷病補償年金 | 傷病年金 | 労災による病気やけがが療養開始後1年6か月を経過した日またはその後以下のいずれにも該当することとなったとき<br>(1) 傷病が治っていないこと<br>(2) 傷病による障害の程度が傷病等級に該当すること |
| | 介護補償給付 | 介護給付 | 障害（補償）年金または傷病（補償）年金受給者のうち第1級の者または第2級の者（精神神経の障害および胸腹部臓器の障害の者）で，現に介護を受けているとき |
| 二次健康診断等給付 | | | 定期健康診断等の結果，脳・心臓疾患に関連する一定の項目について異常の所見があるとき |

出典：厚生労働省ほか「労災保険給付の概要」8〜9頁より一部修正

＊1　複数業務要因災害に対する給付は，それぞれ複数事業労働者療養給付，複数事業労働者休業給付，複数事業労働者障害給付，複数事業労働者遺族給付，複数事業労働者葬祭給付，複数事業労働者傷病年金，複数事業労働者介護給付です。給付内容は業務災害に対する給付と同じなのでこの表では省略しています。

| 給付内容 | 特別支給金 | 特別支給金の内容 |
|---|---|---|
| 必要な療養の給付（＊2，3，4） | ― | |
| 必要な療養費の支給（＊2，3，4） | | |
| 休業4日目から，休業1日につき給付基礎日額の60％相当額 | 休業特別支給金 | 休業4日目から，休業1日につき給付基礎日額の20％相当額 |
| 障害の程度により，給付基礎日額の313日〜131日分の年金 | 障害特別支給金 | 障害の程度により，342万〜159万円までの一時金 |
| | 障害特別年金 | 障害の程度により，算定基礎日額の313日〜131日分の年金 |
| 障害の程度により，給付基礎日額の503日〜56日分の一時金 | 障害特別支給金 | 障害の程度により，65万〜8万円までの一時金 |
| | 障害特別一時金 | 障害の程度により，算定基礎日額の503日〜56日分の一時金 |
| 遺族の数等により，給付基礎日額の245日〜153日分の年金 | 遺族特別支給金 | 遺族の数にかかわらず，一律300万円 |
| | 遺族特別年金 | 遺族の数等により，算定基礎日額の245日〜153日分の年金 |
| 給付基礎日額の1000日分の一時金（ただし，(2)の場合は，すでに支給した年金の合計額を差し引いた額） | 遺族特別支給金 | 遺族の数にかかわらず，一律300万円（ただし，(1)の場合のみ） |
| | 遺族特別一時金 | 算定基礎日額の1000日分の一時金（ただし，(2)の場合は，すでに支給した特別年金の合計額を差し引いた額） |
| 31万5000円に給付基礎日額の30日分を加えた額（その額が給付基礎日額の60日分に満たない場合は，給付基礎日額の60日分） | ― | ― |
| 障害の程度により，給付基礎日額の313日〜245日分の年金 | 傷病特別支給金 | 障害の程度により，114万〜100万円までの一時金 |
| | 傷病特別年金 | 障害の程度により，算定基礎日額の313日〜245日分の年金 |
| 常時介護の場合は，介護の費用として支出した額（上限17万1650円）。随時介護の場合は，介護の費用として支出した額（上限8万5780円）。 | | |
| 二次健康診断特定保健指導 | ― | ― |

＊2　給付内容と水準は「政府の必要と認めるもの」ですが，公的医療保険と同じになっています。
＊3　その傷病について療養を必要としなくなる（その傷病が「治癒」する）まで支給されます。
＊4　通勤災害の場合の療養給付については，被災労働者に200円以下の自己負担があります（労災31条2項）。
＊5　障害等級は，被災労働者の実際の職業能力とは関係なく，障害による一般的な平均的労働能力の喪失の程度で決まっています。

す。たとえば，休業補償給付で補償される賃金は，特別支給金を含めて平均賃金の 80% 程度ですので，逸失利益 [7] をすべて填補するものではありませんし，また，そもそも労災保険では精神的損害はカバーされません。したがって，労働災害に遭った労働者やその遺族が全損害を填補しようと思うと，民法上の損害賠償請求訴訟（労災民事訴訟，労災民訴などといいます）を起こすことになります。

## 2 損害賠償請求の根拠

### 使用者行為災害と第三者行為災害

使用者行為災害とは，使用者が加害者となって発生した労災事故，第三者行為災害とは，第三者（使用者でも被災労働者でもない人）の加害行為によって発生した労災事故（たとえば外回りの営業中に車にはねられた）のことです。第三者行為災害の場合，通常は，不法行為を理由として民法 709 条に基づいて被災労働者またはその遺族が加害者である第三者に損害賠償請求することになります。

使用者行為災害の場合も，まず，労災に遭った労働者またはその遺族は，使用者に対して，使用者の故意または過失によって労災が発生し，それによって損害を被ったとしてその賠償を請求することができます（民 709 条）。

### 使用者の安全配慮義務

使用者行為災害の場合は，使用者に対して，もう 1 つの手段として，民法415 条を根拠として損害賠償請求をすることができます。使用者は，労働契約上の付随義務として，労働者の生命や安全に配慮する義務（**安全配慮義務**）を負っています（労契 5 条）[8]。使用者がその安全配慮義務を果たさず，その結果，

---

notes

[7] 使用者や第三者の加害行為がなかったならば得られたであろうと思われる利益のことです。

[8] 安全配慮義務は，使用者と労働者の関係のみにおいて生じる義務ではなく，一般的には「ある法律関係に基づいて特別な社会的接触の関係に入った当事者間において，当該法律関係の付随義務として当事者の一方又は双方が相手方に対して信義則上負う義務」（最判昭和 50・2・25 民集 29 巻 2 号 143 頁 ［百選68]）とされています。

労災が発生し労働者に損害が生じたとすれば，労働者は使用者に対し債務不履行を理由として損害賠償を請求することができるのです。実際の損害賠償請求訴訟では不法行為と債務不履行の両者を理由とした請求を行うことが多いです。

　なお，長時間労働に従事した結果，労働者がうつ病にかかり自殺した事例で，安全配慮義務とは明言しませんでしたが，「使用者は，その雇用する労働者に従事させる業務を定めてこれを管理するに際し，業務の遂行に伴う疲労や心理的負荷等が過度に蓄積して労働者の心身の健康を損なうことがないよう注意する義務を負う」として，使用者責任（民715条）を認めた事例があります（電通事件・最判平成12・3・24民集54巻3号1155頁［百選69]）。

## 3　労災保険給付と損害賠償の調整

　このようにして，被災労働者が加害者から損害賠償を受け，かつ，労災保険制度からも給付を受けると，被災労働者は損害を塡補する以上の利益を得ることになります。このような場合の，損害賠償と労災保険給付との調整を含め，損害賠償制度と労災保険給付に関係する論点についてみていきましょう。

### 使用者行為災害の場合

　使用者行為災害の場合，被災労働者に労災保険給付が給付されたときは，その支給された金額の限度で，使用者はその労働者に対する損害賠償責任を免れるというのが基本的なルールです。要するに，被災労働者に支給された給付額分だけ，損害賠償額が減額されるということです。

### 第三者行為災害の場合

　(1)　**損害賠償額の調整**　　第三者行為災害の場合，労災保険の保険者である政府は，被災労働者に労災保険給付を支給すると，その金額の限度で，被災労働者が第三者に対して持っている損害賠償請求権を代位取得[9]します。要するに，第三者の負担する損害賠償額は変わることはなく，被災労働者に支給さ

———————————————————————————————————————————— notes

[9]　代位にはいくつかの意味がありますが，ここでは他人の権利が法律上当然に移転することを意味します。

れた労災保険給付の分は，政府に対し支払わなければならないということです。

(2) **示談の場合**　第三者行為災害の場合，被災労働者と第三者（加害者）の間で損害賠償請求権の一部または全部を放棄するという合意（示談）がされることがあります。示談を行うことは当事者の自由ですが，労災保険との関係では重大な影響があります。すなわち，最高裁によれば，労災保険の目的は被災労働者の損害を塡補することですので，被災労働者が損害賠償請求権を放棄して損害賠償請求権を喪失してしまった場合は，保険者である政府は，その限度で労災保険給付をする義務を免れるとされています（最判昭和 38・6・4 民集 17 巻 5 号 716 頁［百選 62]）。したがって，たとえば通勤途中に交通事故に遭ったときに不用意に示談をしてしまうと，労災給付を受けられないという事態にもなりかねません。ただし，実務上は，年金給付については支払われない期間を 3 年間にとどめています。

## 過失相殺と損害賠償額の調整の先後

　損害賠償請求訴訟では，被災労働者に過失があると，損害賠償額の算定の際に過失相殺[10]がなされますが，労災保険給付との調整はどちらが先になされるのでしょうか。この点について，最高裁は，過失相殺を行った後に損害賠償額から労災保険給付を差し引くという立場に立っています（最判平成元・4・11 民集 43 巻 4 号 209 頁［百選 67]）。

---

**CHECK**

☐ **1**　労災保険の保護の対象となるのはどのような労働者ですか。

☐ **2**　労災保険の対象となる業務上の災害とは何でしょうか。また，ある災害が業務上のものかどうかはどのように判断されますか。

☐ **3**　過労死や過労自殺は業務上の災害でしょうか。

☐ **4**　通勤災害として労災保険による補償の対象となる通勤とはどのような移動

---

notes

[10]　たとえば加害者の行為によって損害が発生したが，被害者側にも過失があり，損害の発生や拡大の要因となっている場合，加害者にその損害のすべてを賠償させることは公平ではありません。そこで，このような場合，被害者の過失を考慮して損害賠償額が減額されることがあります。これを過失相殺といいます。

行為でしょうか。

□ 5 労災保険給付の種類はどのようなものがありますか。また，その内容はどのようなものですか。

□ 6 労災保険の保険料はどのように決まりますか。

□ 7 労災が使用者や第三者の行為によって生じたときに，被災労働者は使用者や第三者に民事上の損害賠償請求をすることはできますか。

□ 8 労災保険給付と損害賠償はどのように調整されていますか。

# 雇用保険

　私たちの多くは企業などで雇われて仕事をし，それによって受け取る賃金で生活をします。働き続け，収入が途絶えることがなければ生活にも困りませんが，解雇などにより職を失った場合はどうすればよいでしょうか。このように労働者が職を失ってしまった場合に，その所得を保障するために設けられている制度が雇用保険制度です。

　本章では，まず，雇用保険制度の目的を確認し（⇒1），雇用保険を運営する保険者と，失業時に給付が受けられる被保険者について（⇒2），ついで，被保険者があらかじめ負担する保険料について取り上げます（⇒3）。次に，雇用保険の給付は被保険者が失業したときに受給できるものですが，「失業」とは何かが問題となりますし，失業していることを前提に給付が支給されるため，受給の手続も他の社会保険と比較して複雑なものになっていますので，これらについて扱います（→4）。雇用保険の給付には，失業時の所得保障のための給付に加え，雇用が継続している場合でも受給できる給付もあります（⇒5）。さらに雇用保険では，失業者をなるべく増加させないための事業も行われています（⇒6）。最後に雇用保険を運営する財源についてみることとします（⇒7）。

# 1 制度の目的 ―どうして雇用保険は必要なの？

　雇用保険は，労働者が失業して所得を得られなくなってしまったり，労働者について雇用の継続が困難となるようなことがあったり，労働者が自ら職業に関する教育訓練を受けた場合の，その労働者の生活や雇用の安定と就職の促進を目的とした制度です。その中心的な機能は，労働者の失業時の所得保障を行うことにあります。企業などで雇われて労務を提供することによって得た賃金で，自らの生計や家計を維持している労働者にとって，解雇などによりその雇用が失われることは，自分や家族の生活が脅かされることを意味します。そのようなリスクに備える制度が雇用保険なのです。

　また，失業の予防，雇用状態の是正および雇用機会の増大，労働者の能力の開発および向上その他労働者の福祉の増進を図ることも大切です。雇用保険は，そのための2つの事業も実施しています。

# 2 雇用保険の法律関係 ―誰が加入するの？

## 1 雇用保険の保険関係 ────────────────●

### ┃ 保険者 ┃

　雇用保険の保険者は政府です（雇保2条）。ただし，雇用保険法に基づく厚生労働大臣の権限の多くは，最終的に**公共職業安定所（ハローワーク）**の所長に委任されていますので，雇用保険の保険関係に関する事務や，雇用保険の支給手続などはハローワークが行います。

### ┃ 適用事業 ┃

　雇用保険の適用事業は，「労働者が雇用される事業」です。「事業」の範囲についての制限はありませんので，どんな事業でも，労働者を1人でも雇っていれば，その事業は原則として雇用保険の適用事業となります。

## 保険関係の成立と消滅

雇用保険の保険関係は，事業主と保険者である政府との間で成立することになりますが，それがいつ成立したり消滅したりするかは，労災保険と同じです（⇒ＣＨＲＰ.３②）。つまり，労働者を雇って事業を開始した日に，政府と事業主との保険関係が成立し，その事業が終了したり，廃止された日の翌日に終了します。

## 2  被保険者

### 適用事業に雇用される労働者

雇用保険の被保険者は，「適用事業に雇用される労働者」のうち，適用除外されていない者です（雇保４条１項）。「労働者」にあたるかどうかは，労災保険と同じように，基本的には労基法上の労働者かどうかの判断と同じ基準で判断されます。

裁判例には，雇用保険の被保険者となる労働者は，事業主に対してその支配下で労務を提供して（労務提供の従属性），その対価を得ることによって生計を維持する者（労務対償性）であると定義し，生命保険等の外交員を雇用保険法上の労働者と認めたものもあります（福岡高判平成25・2・28判時2214号111頁［百選71]）。

### 被保険者の種類

雇用保険の被保険者には，①**一般被保険者**，②**短期雇用特例被保険者**，③**日雇労働被保険者**の３種類があります。通常の労働者が取得する被保険者資格は，一般被保険者です。

① 一般被保険者：法律上の定義は，②，③以外の被保険者です。ただし，65歳以上の一般被保険者は高年齢被保険者といい，失業したときの給付も異なります。
② 短期雇用特例被保険者：季節的に雇用される者で，雇用期間が４か月を超えており，週の労働時間が30時間以上の者です。

③ 日雇労働被保険者：日々雇用される者，または，30日以内の期間を定めて雇用される者のうち，被保険者資格を有する者です。

## 適用除外

このように「適用事業に雇用される労働者」が雇用保険の被保険者とされていますが，適用除外も多くあります。適用が除外されているのは，週の所定労働時間が20時間未満の者，同一の事業主の適用事業に継続して31日以上雇用されることが見込まれない者，学生などです。ただし，適用除外に該当していても，上記②，③の被保険者にあたる労働者は，それぞれの被保険者資格を得ます。これに関連して，複数の事業所で勤務する65歳以上の労働者については，そのうち2つの事業所で週の所定労働時間が5時間以上であり，その所定労働時間を合計して20時間以上である場合は，労働者本人の申出により雇用保険の被保険者となることができます（この制度は雇用保険マルチジョブホルダー制度，この制度の被保険者はマルチ高年齢被保険者と呼ばれています）。

# ③ 保険料の負担 —保険料はどのように決まるの？

雇用保険では被保険者と事業主の双方が保険料を負担します[1]。保険料の額は，被保険者が労働の対償として受け取る賃金に保険料率をかけて算出されます。保険料率は，事業の種類によって違いがあり，被保険者負担と事業主負担をあわせると，2022（令和4）年度下半期の場合，一般の事業では1000分の13.5，農林水産・清酒製造の事業では1000分の15.5，建設の事業では1000分の16.5となっています。このうち，被保険者が負担するのは，それぞれ1000分の5，1000分の6，1000分の6となっており，被保険者の負担のほうが低くなっています。雇用保険の給付（失業等給付・育児休業給付）の財源となる保険料の負担は被保険者と事業主で同じですが，事業主は，さらにいわゆる雇用2事業（⇒⑥）の財源分の保険料を負担するからです。これらの事業は，事業

notes
[1] 雇用保険の保険料については徴収法に規定されています。

主向けの助成金などがその内容なので，その財源として事業主のみに負担を求めているのです。

　なお，雇用保険の保険料率のうちの1000分の4は，育児休業給付のための保険料率となっています（徴収法12条6項参照）。

#  受給の手続 —雇用保険給付をもらうためには？

## 1　失業とは

　雇用保険の給付は失業したときに受給できますが，雇用保険法にいう「失業」とは，単に職を失って仕事をしていないという意味ではなく，①被保険者が離職し，②労働の意思および能力を有するにもかかわらず，③職業に就くことができない状態にあることです（雇保4条3項）。

### ▌被保険者の離職▐

　①被保険者の離職とは，被保険者（適用事業に雇用される労働者）と事業主の雇用関係が終了することです（同条2項）。

### ▌労働の意思と能力▐

　②労働の「意思と能力」とは，自分の労働力を提供して就職しようという積極的な意思のことです。したがって療養のための離職，出産・育児・介護をするための離職，進学のための離職などは「失業」とはなりません。また，労働の意思は，通常の「できるかぎりの努力で職業を探し求めている」かどうかによって判断されますので，雑誌やインターネットの求人情報の検討のみでは不十分で，実際に求人に応募したり，ハローワークで紹介を受け面接に行くといった，就労に向けた具体的な活動が求められます。ただ，ここでの就労の意思は，「自己の労働力にふさわしい一定の労働条件の下に労働しようとする意思」のことでもあるので，たとえば，大学院で勉強したけれども，研究者として就職できなかった場合に，肉体労働の求人に応募しなくても，それだけでは労働の意思がないということにはなりません。

③職業に就くことができない状態にあることに関して，職業に就くとは，自営業を営む場合や，労務を提供して何らかの報酬を得ることのできる地位に就くことも含まれます。裁判例には，代表取締役への就任が「職業に就く」にあたるため雇用保険法上の失業にあたらないとした事例があります（広島高岡山支判昭和63・10・13労判528号25頁［百選73]）。

## 2　支給の手続

　ここでは，雇用保険の最も主要な給付である基本手当の受給手続について説明します。基本手当は，被保険者が失業した場合に支給される給付です（⇒5**2**）。

　基本手当の支給を受けるためには，ハローワークの所長から受給資格の決定を受けなければなりません。この受給資格の決定を受けるためには，まず，会社を退職したり解雇されたりして離職した場合に，会社から離職票を受領し，ハローワークに提出するという手続をとります。離職票を提出すると，受給資格者と認定されて，受給資格者証が交付されます。ただ，この受給資格者証があっても，これだけでは基本手当はもらえません。会社をやめてハローワークに離職票を出した段階では確かに失業しているのですが，基本手当を受給するときまでに仕事がみつかって働いている可能性もあるからです。そのため，基本手当を受給するためには，さらに失業の認定を受ける必要があります。この失業の認定を受ける日のことを，失業認定日といい，原則として4週間に1回行うことになっています（雇保15条）。失業認定を受け，ハローワークの所長が基本手当の支給を決定しますと，基本手当を受給することができます。なお，失業認定日にハローワークに出頭しないと，原則として基本手当は支給されません。やむをえない理由で出頭できない場合は受給することができますが，失業認定日を勘違いしていて，その失業認定日にハローワークに行かなかったという事案で，出頭できないやむをえない事情ではないとした裁判例があります（神戸地判昭和61・5・28労判477号29頁［百選75]）。

また，あまりに就職条件にこだわって，本人にとっては妥当な求人なのに職業相談や職業紹介を拒否する場合，給付が認められないこともあります。本人の年齢や学歴から容易に就職できるのに，大企業にこだわり続けたため，基本手当の個別延長給付（現在は廃止）が打ち切られたという事例があります（大阪高判昭和 57・8・9 労判 392 号カード 11 頁［百選 78］）。

# 5 給付 —どんな給付をもらえるの？

## 1 給付の種類 ●

雇用保険による給付には，失業等給付と育児休業給付金があります。失業等給付には，求職者給付，就業促進給付，教育訓練給付，雇用継続給付があり，それぞれに後掲図表 4-1 の表にあるような給付があります。

## 2 基本手当 ●

失業等給付のなかで代表的なものは，求職者給付の基本手当です。

### 受給要件

被保険者は失業することによって基本手当の受給資格を得ますが，被保険者期間が，原則として離職の日以前の 2 年間に通算して 12 か月以上あることが必要です。ただし，特定受給資格者（倒産や解雇によって離職した被保険者）や特定理由離職者（有期雇用で契約が更新されなかったために離職した被保険者や正当な理由によって離職した被保険者）の場合は，離職の日以前の 1 年間に，被保険者期間が通算して 6 か月以上あれば受給要件を満たします。

### 支給額および支給期間

基本手当の 1 日あたりの金額（基本手当日額）は，原則として離職した日の直前の 6 か月に毎月決まって支払われた賃金の合計額を 180 で割った金額（賃金日額）の約 50%～80%（60 歳～64 歳については 45%～80%）です。失業前の

| 求職者給付 | | |
|---|---|---|
| （一般被保険者） | 基本手当 | 失業したときに支給 |
| | 技能習得手当 | 再就職のため公共職業訓練を受けるときに支給 |
| | 寄宿手当 | 公共職業訓練を受けるために家族と別居して寄宿するときに支給 |
| | 傷病手当 | 求職の申込みをした後，病気になったときに支給 |
| （一般被保険者のうち高年齢被保険者） | 高年齢求職者給付金 | 65歳以上の失業者に対して，被保険者期間に応じて一時金を支給 |
| （短期雇用特例被保険者） | 短期雇用特例求職者給付 | 季節労働者に一時金を支給 |
| （日雇労働被保険者） | 日雇労働者求職者給付金 | 失業状態にあるごとに1日単位で支給 |
| 就業促進給付 | 就業促進手当 | 再就職先における就業形態に応じて支給 |
| | 移転費 | 就職または公共職業訓練を受けるために移転するときに支給 |
| | 広域求職活動費 | ハローワーク等の紹介により，遠隔地に求職活動に行ったときに支給 |
| 教育訓練給付 | 教育訓練給付金 | 一定の被保険者期間があった者に対して，教育訓練受講費の一部を支給 |
| 雇用継続給付 | 高年齢雇用継続基本給付金<br>高年齢再就職給付金 | 60歳以降の賃金額が下がった場合に支給 |
| | 介護休業給付金 | 被保険者が家族を介護するために休業した場合に支給 |

賃金が低いほど高い率となっています。また，基本手当日額は年齢区分ごとにその上限額や下限額も定められています。

　基本手当は，受給資格者が失業している日について，原則として所定給付日数（基本手当の支給を受けることができる日数）を限度として支給されます。この日数は，受給資格にかかる離職の日における年齢，雇用保険の被保険者であった期間および離職の理由などによって決定され，90日～360日の間でそれぞれ決められます（⇒図表4-2）。

## 給付制限

雇用保険は，失業中の所得保障を行うとともに，再就職を促し，支援するこ

**図表 4-2 基本手当給付日数**

▶ 一般の離職者に対する給付日数

| | | 被保険者であった期間 | | |
|---|---|---|---|---|
| | | 1 年以上<br>10 年未満 | 10 年以上<br>20 年未満 | 20 年以上 |
| 区分 | 一般被保険者 | 90 日 | 120 日 | 150 日 |

▶ 倒産・解雇・雇止め等による離職者に対する給付日数

| | | 被保険者であった期間 | | | | |
|---|---|---|---|---|---|---|
| | | 1 年未満 | 1 年以上<br>5 年未満 | 5 年以上<br>10 年未満 | 10 年以上<br>20 年未満 | 20 年以上 |
| 年齢 | 30 歳未満 | 90 日 | 90 日 | 120 日 | 180 日 | |
| | 30 歳以上 35 歳未満 | | 120 日 | 180 日 | 210 日 | 240 日 |
| | 35 歳以上 45 歳未満 | | 150 日 | | 240 日 | 270 日 |
| | 45 歳以上 60 歳未満 | | 180 日 | 240 日 | 270 日 | 330 日 |
| | 60 歳以上 65 歳未満 | | 150 日 | 180 日 | 210 日 | 240 日 |

▶ 障害者等の就職困難者に対する給付日数

| | | 被保険者であった期間 | |
|---|---|---|---|
| | | 1 年未満 | 1 年以上 |
| 年齢 | 45 歳未満 | 150 日 | 300 日 |
| | 45 歳以上 65 歳未満 | | 360 日 |

とも重要な目的としていますので，ハローワークからの職業紹介，職業訓練，職業指導を拒否した場合に，給付の支給を継続することは，雇用保険制度の目的に照らして妥当ではありません。そこで，このように正当な理由なく，ハローワークからの職業紹介，職業訓練，職業指導を拒否した場合，基本手当は一定期間（1 か月）支給されないことになっています。また，労働者に解雇される重大な理由がある場合，正当な理由なく自己都合退職した場合も，雇用保険制度が保険のシステムを利用した制度なので，逆選択の防止の観点から（⇒はじめに）同様の支給制限（2 か月または 3 か月）があります（雇保 33 条）。

## 不正受給

基本手当を受給するにあたって，実際には行っていない求職活動を行ったと偽って申告することや，就職や就労，あるいは自営業をして収入を得ていたの

に，申告しないといった不正行為が行われた場合，その不正行為があった日以降，基本手当等が一切支給されず，不正に受給した基本手当等の相当額（不正受給金額）の返還が命じられます。さらに，返還が命じられた不正受給金額とは別に，直接不正の行為により支給を受けた額の2倍に相当する額以下の金額の納付（いわゆる「3倍返し」）が命じられることとなります。

---

**Column4-1 ● 公共職業訓練**

公共職業訓練（離職者訓練とも言います）は，主に雇用保険の失業等給付の受給者を対象とした職業訓練で，公共職業安定所長が，当該受給者の希望や職業訓練の必要性を勘案して，必要と認める場合に指示します。訓練期間は3か月から2年の間で，就職に役立つ技能や知識を習得することを目的とします。職業訓練に係る費用はテキスト代などの実費を除き無料です。職業訓練の分野は，事務系，IT，建設・製造，サービス，介護，デザイン，理美容などさまざまです。また，第一種電気工事士，宅地建物取引主任者などの資格取得を目指すコースもあります。受講者が多い分野としては，事務系，情報系，サービス系，介護系のコースなどです。公共職業訓練の実施は，国（職業能力開発大学校や障害者職業能力開発校など），都道府県（職業能力開発校および障害者職業能力開発校），都道府県から委託された民間教育訓練機関等が担っています。

なお，雇用保険の受給者を対象とした公共職業訓練と，求職者支援制度（⇒ CHRP.7 ③）による求職者支援訓練は，総称してハロートレーニングと呼んでいます。

---

## 3 雇用継続給付

雇用保険では，失業中の所得保障のための給付以外の給付もあります。それが2種類の雇用継続給付で，雇用の円滑な継続を援助，促進することを目的としています。いずれも事業主との雇用契約関係は継続している被保険者への給付ですので，給付対象の被保険者は「失業」していないのですが，たとえば，介護休業中の場合，雇用契約関係は継続していても，就労していないので所得が得られないということで「失業」の状態に近いということがいえます。

## ▋高年齢雇用継続給付 ▋

**高年齢雇用継続給付**は，定年後などに収入が下がった場合に受給できるものです。定年後の再雇用などにより同じ企業などで働き続けている場合には，**高年齢雇用継続基本給付金**が，定年などでいったん離職して（基本手当の受給要件を満たすことが必要です）ほかの会社に再就職した場合には，**高年齢再就職給付金**が支給されます。

受給要件は，雇用保険の被保険者の期間が 5 年以上あった 60 歳以上 65 歳未満の一般被保険者で，原則として，60 歳以降の賃金が 60 歳時点に比べて 75% 未満になってしまった場合です。支給額は，60 歳以上 65 歳未満の賃金が 60 歳時点の賃金よりも 61% 以下になってしまった場合は，各月の賃金の 15% 相当額，60 歳時点の賃金が 61% 以上 75% 未満になってしまった場合は，それよりも低い割合の給付になります。

支給期間については，高年齢雇用継続基本給付金は，被保険者が 60 歳から 65 歳に達する月までの間，高年齢再就職給付金は，60 歳以降の就職したときから，65 歳時点を限度とし，基本手当の支給残日数に応じて 1 年または 2 年です。

## ▋介護休業給付金 ▋

育児介護休業法は，育児休業や介護休業（⇒ **Column 5-2**）の仕組みについて定めていますが，使用者は休業中の労働者に賃金を支払う必要はありません。しかし，休業中に収入が全くないとすると，労働者は育児休業や介護休業を取りにくくなります。そこで，雇用保険では，休業中の所得を保障するために**育児休業給付**（後述）と介護休業給付の制度が設けられています。

介護休業給付として支給される介護休業給付金は，介護休業の期間のうち，通算で 93 日まで支給されます。支給額は，休業前の賃金の 67% 相当額です。

## 4　育児休業給付────────────────●

育児休業給付は，従来，失業等給付の雇用継続給付の 1 つでしたが，2020

（令和2）年の雇用保険法改正により，失業等給付から独立させ，子を養育するために休業した労働者の生活と雇用の安定を図るための給付と位置付けられました。

育児休業給付には，育児休業給付金と出生時育児休業給付金があります。育児休業給付金は，雇用保険の被保険者が，原則1歳未満の子を養育するために育児休業を取得して休業する場合に支給されます。支給額は，休業開始から180日目までは休業開始時の賃金額の67％，181日目からは50％に相当する額です。

出生時育児休業給付金は，原則として男性を対象とした制度で，雇用保険の男性被保険者が，出生時育児休業（産後パパ育休）を取得した場合に支給されます。支給額は，出生時育児休業期間の賃金額の67％です（ただし最大28日分）。

 ## 雇用2事業
―雇用保険はほかにどんなことをしているの？

雇用保険制度のなかでは，失業者等に対する給付のほかに，雇用の維持や雇用の促進といった目的で**雇用安定事業**と**能力開発事業**の2事業（雇用2事業）が行われています。

### 雇用安定事業

雇用安定事業は，失業の予防，雇用状態の是正，雇用機会の増大をはじめとして，雇用の安定を図ることを目的として行われる事業です。事業者に対する助成金制度が中心で，代表的なものは**雇用調整助成金**です。これは経済上の理由などにより事業の縮小をせざるをえなくなった事業主が，教育訓練や出向などの雇用調整を実施して，従業員の雇用を維持した場合に助成されるもので，企業内での雇用を確保し，失業者を増加させないようにする機能を果たしています。たとえば，雇用調整のために労働者を休業させる措置を行う場合は，当該休業が労使間の協定に基づくものであること，休業手当の支払いが労働基準法26条の規定に違反していないこと，所定労働日の所定労働時間内において

実施されるものであること等の要件を満たした場合に，休業した労働者に対して支払われた休業手当相当額に，所定の助成率（中小企業の場合3分の2）を乗じた額が助成されます。

## 能力開発事業

能力開発事業は，職業生活の期間を通じて，被保険者等の能力を開発し，向上させることを目的として行われる事業で，各種の助成金や，職業能力開発のための講習，公共職業能力開発施設などの設置や運営などが行われています。

 ## 7 財政 —雇用保険の財源はどこから？

雇用保険の財源は，被保険者と事業主が負担する保険料（⇒3）が大部分を占めていますが，国庫負担など保険料以外の財源もあります。

---

### Column4-2 ● 雇用保険財政に対する新型コロナウイルス感染症の影響

2019（令和元）年に発生した新型コロナウイルス感染症の流行は，雇用保険財政にも大きな影響がありました。雇用環境の悪化により失業等給付のための支出が増加したこともありますが，最も大きな影響を与えたのは雇用調整助成金の特例措置です。この特例措置は，①新型コロナウイルス感染症の影響により経営環境が悪化し，事業活動が縮小していること，②最近1か月間の売上高または生産量などが原則として前年同月比5%以上減少していること，③労使間の協定に基づき休業などを実施し，労基法で支払義務のある休業手当を支払っていることを要件として事業主に助成されるもので，それを原資として労働者の休業手当などが支払われます。この雇用調整助成金の特例措置やその他のさまざまな事業の実施のために，雇用保険の積立金が活用されました（もちろん国の一般会計からの繰入も行われています）。その結果，2021年度末において積立金をほぼ使い切ることになったため，2022年度雇用保険料率の引き上げにつながりました。

---

┌─ **CHECK** ─────────────────────────────────────────┐

☐ **1**　雇用保険の目的は何でしょうか。

☐ **2**　雇用保険の被保険者にはどのような種類があるでしょうか。また，それぞれの資格取得の要件は何でしょうか。

☐ **3**　雇用保険でいう「失業」とはどのような状態でしょうか。

☐ **4**　失業者が基本手当を受給するためにはどのような手続を経る必要があるでしょうか。

☐ **5**　雇用保険の給付にはどのような種類があるでしょうか。

☐ **6**　いわゆる雇用2事業とは何でしょうか。また，それはどのような目的で実施されていますか。

└──────────────────────────────────────────────────┘

# 第 5 章

# 介護保険

　高齢になると食事や入浴，洗濯や掃除といった身のまわりのことについて介護を必要とする人の割合が増加します。しかし，介護が必要でも，家族と離れて暮らしていたり，家族が仕事などで面倒をみられない高齢者もいます。このような高齢者が，社会保険の仕組みに基づいて介護サービスを受けられるのが介護保険制度です（⇒1）。

　介護保険の被保険者は年齢により2つに分けられ（⇒2），あらかじめ保険料を納めます（⇒3）。そのうえで，介護保険から給付を受けるには事前に認定を受けなければなりません（⇒4）。認定を受けたら具体的な介護サービス内容を決定し（⇒5），介護サービス事業者（⇒6）と契約を締結してサービスを受けます。サービスを受けたら介護報酬（⇒7）の一部を利用者負担（⇒8）として支払います。また，利用者負担以外の財源も介護保険の財政を支えています（⇒9）。

# 1 制度の目的と背景
## —どうして介護保険制度は必要なの？

　介護保険制度は，介護（日常生活の介助）・看護（医療に関する世話や補助）・医療（病気やけがの治療）を必要とする高齢者が自立した日常生活を送れるよう，被保険者が，保健医療や福祉のサービスを利用したときに，給付を行うものです。これは，1997（平成 9）年に制定された介護保険法に基づき 2000（平成 12）年から実施されている，他の社会保険制度と比べて新しい制度です。

## 1 介護保険制度創設の背景

### 高齢化

　高齢化が進むなかで，介護の必要な高齢者数が増えており，今後も増えることが予想されます。また，平均寿命が延びたことで介護期間も長期化しています。これらにより，介護の担い手・設備・施設の必要性が高まります。

### 家族による介護の困難化

　介護では家族が大きな役割を果たしてきました。しかし，核家族化が進み，一人暮らしの高齢者や高齢者夫婦だけの世帯が増えています。また，家族の介護の多くを担ってきた女性の社会進出が進んでいます。これらにより，家族内で介護を行う人が減少したため，社会保障制度の一環として家族外の介護制度を整備する必要性が高まりました。

## 2 介護保険制度以前の介護サービス

　介護保険法が制定されるまで，2 つの制度が介護サービスを提供してきましたが，いずれも問題がありました。

## 老人福祉法による高齢者福祉制度

老人福祉法では**措置方式**によるサービス提供が行われていました。しかし，措置方式には，利用者がサービスを選択できないことや，事業者のサービスの内容が画一的になるなどの問題がありました（詳しくは⇒**CHAP. 6 1 2**）。

## 老人保健法（現在の高齢者医療確保法）による高齢者医療制度

高齢者医療制度の枠組みでも介護が行われてきましたが，**社会的入院**（⇒ Column 1-5）が問題となっていました。社会的入院の受け皿である病院は，治療のための施設であり，介護が必要な人のためのスタッフや施設は十分でないうえに（居室の面積が狭い，食堂や風呂がない等），入院であるため医療保険の給付対象となり，医療保険の財政に負担がかかるからです。

介護保険制度は，以上のような問題状況から，介護が必要な人が利用しやすく，しかも公平で効率的な介護サービス制度を創りあげることをねらいとしています。

## 3　社会保険方式の採用

措置方式による介護サービスは，公費（税金）を主な財源としていました。これでは，実施を担う市町村の財政状況によっては，サービス希望者の緊急度や必要度で優先順位がつけられ，サービスを利用できない人が出てしまうという問題がありました。そこで，介護保険は社会保険方式をとり，給付費の半分は保険料を財源としています。財源を安定的に確保できるという社会保険方式のメリット（⇒はじめに）が重視されたのです。

介護保険の保険者と被保険者
—誰が加入するの？

## 1 保険者

　介護保険の保険者は「市町村及び特別区」です（介保3条。以下，まとめて「市町村」とします）。市町村を保険者としているのは，利用者に身近なレベルでサービスを提供できること，地方分権という社会の流れ，これまでの高齢者福祉制度（⇒CHAP.6②）の経験・実績があること，といった理由によります。

## 2 被保険者

### 第1号被保険者と第2号被保険者

　介護保険では，市町村の区域内に住所を有する65歳以上の者が**第1号被保険者**となり（介保9条1号），65歳になる月に介護保険被保険者証（保険証）が交付されます。また，市町村の区域内に住所を有する40歳以上65歳未満の医療保険加入者が**第2号被保険者**となり（同条2号），要介護認定（⇒④）を申請した人や保険証の交付申請をした人などにだけ保険証が交付されます。

### 保険給付の要件の違い

　第1号被保険者は原因を問わず，要介護状態等（⇒④**1**）にあれば介護保険給付を受けられます。これに対し，第2号被保険者は，加齢に伴う病気等（**特定疾病**[1]）が原因となって要介護状態等にある場合に限って給付を受けられます（介保7条3項・4項）。

　ですから，40歳未満で介護が必要になった人や，特定疾病以外の原因（たとえば，交通事故による負傷）で介護が必要になった第2号被保険者は，介護保険の給付は受けられません。これらの場合は，障害者福祉制度から介護サー

notes
　[1]　脳血管疾患，認知症，末期がんなど16種類が指定されています（介護保険法施行令2条）。

ビスを受けます（自立支援給付 ⇒ **CHAP.6** ③ **2**）。

**Column5-1** ● **65歳問題**

　自立支援給付と介護保険とで重複するサービスは，介護保険が優先して適用
されます（障害者総合支援法〔⇒ **CHAP.6** ③〕7条）。このため，市町村民税非
課税世帯の障害者は，自立支援給付では利用者負担がなかったのに（⇒図表6
-5），65歳に到達し介護保険の適用を受けると利用者負担が発生する（⇒⑧）
ことになります（65歳問題）。

　65歳問題に直面した障害者が，自立支援給付によるサービス費の支給等を
申請したのに対し，不支給決定を受けたことの取消し等が争われた裁判があり
ます。広島高岡山支判平成30・12・13賃社1726号8頁は，介護保険を利
用できる障害者がその申請をしない場合に，障害者自立支援法7条（障害者総
合支援法に改正される前の法律ですが，7条の解釈には大きな違いはありません）
に基づき，自立支援給付の不支給決定をすることは，不支給決定の判断の基礎
となる事実に看過しがたい誤りがある，またはその判断内容が社会通念に照ら
して明らかに合理性を欠く等により，市町村に与えられた裁量権の逸脱または
濫用にわたると認められる場合に限って違法となるとしています。

# 3　保険料の負担 ―保険料は，どのように決まるの？

## 1　保険料の決め方 ────────────────────────●

### | 第1号被保険者 |

　第1号被保険者の保険料額は，市町村ごとに基準額（3年ごとに見直されま
す）を定め，被保険者の所得に応じて上下複数の段階に分け，基準額に一定割
合をかけて計算されます（所得段階別定額保険料方式）。所得に応じてきめ細か
く保険料を設定するとともに，低所得者には公費を多く投入し，負担を軽減し
ています（たとえば，名古屋市では，2023〔令和5〕年度の年額保険料の基準額は
7万9709円〔第6段階〕で，15の保険料段階に分かれています。第1段階〔生活
保護を受けている等〕は基準額×0.25，第15段階〔本人が市民税課税の対象で，
本人の前年の合計所得金額が1000万円以上〕では基準額×2.5となっています。な

お，生活保護と介護保険の関係については⇒**CHAP. 8** ④）。

## 第2号被保険者

　第2号被保険者は，医療保険と同じ方法で介護保険料額を決定します（⇒**CHAP. 1** ③）。そのため，健康保険加入者ならば，報酬比例で算定され（協会けんぽで，2022〔令和4〕年の介護保険料率は1.64%），半分は使用者が負担します。また，医療保険では被扶養者になるけれども介護保険では被保険者になる人（典型的には，会社員の配偶者で専業主婦・主夫の人）は，介護保険料は負担せず，労使が払った介護保険料でこうした人の分を負担します。そして，国民健康保険加入者ならば，応益割・応能割で介護保険料を計算します。

## 2　保険料の支払い方

## 第1号被保険者

　第1号被保険者が受給している年金（⇒**CHAP. 2**）の額が年額18万円以上の場合は，介護保険料が差し引かれた残額が年金として支給されます（**特別徴収**）。差し引かれた介護保険料は，年金保険の保険者（政府）が介護保険の保険者（市町村）に支払います。年金の年額が18万円未満の場合には，市町村が第1号被保険者から直接保険料を徴収します（**普通徴収**）。

## 第2号被保険者

　第2号被保険者は，医療保険の保険者に医療保険料とあわせて介護保険料を支払います。ですから，健康保険の被保険者の介護保険料は，健康保険料と一緒に給料から差し引かれ，国民健康保険の被保険者は，その人が住んでいる市町村が個別に徴収します（⇒**CHAP. 1** ③）。そして，各医療保険者は，介護給付費納付金（国民健康保険の納付金には，保険料に加えて，国や都道府県の負担も入っています）として社会保険診療報酬支払基金（⇒**CHAP. 1** ⑰）に一括納付し，支払基金はこの納付金から各市町村に介護給付費交付金を交付します。

# 4 介護保険給付にかかる認定
## —どうしたら，介護保険給付を受けられるの？

介護保険から給付を受けるには，市町村による要介護状態等（⇒**1**）の認定（⇒**2**）を受けなければならない点が特徴です（介保19条）。

## 1 要介護状態等

### 要介護状態と要支援状態

被保険者は，要介護状態または要支援状態（以下，区別する必要がない場合は，まとめて「要介護状態等」とします）にあるとの認定（**要介護〔要支援〕認定**）を受けたときに介護保険から給付を受けられます。**要介護状態**とは，身体や精神の障害によって，日常生活における基本的な動作について継続して常時介護を必要とする状態です（介保7条1項）。**要支援状態**は，放置しておくと要介護状態になる危険がある状態です（同条2項）。

### 要介護度

要介護・要支援の度合い（要介護〔要支援〕状態区分。一般に，**要介護度**と呼ばれます）は，要介護状態が5段階（要介護1から5。数字が大きいほど介護を必要とする状態が重度であることを指します），要支援状態が2段階（要支援1と2。数字が大きいほど要介護状態となるおそれが大きい状態を指します）に分かれます。

要介護度に応じて，被保険者の利用できる給付費の上限（区分支給限度基準額[2]⇒図表5-2）が決まっています。区分支給限度基準額を超えてサービスを受けることはできますが，超過部分は全額自己負担となり，介護保険の対象とはなりません。その意味で，混合診療（⇒**CHAP.1§2**）が禁止されている医

── notes

[2] 市町村は，条例により，区分支給限度基準額を超える額をその市町村の区分支給限度基準額とすることができ（いわゆる「上乗せサービス」），上乗せサービスにかかる費用は，第1号被保険者の保険料で賄います。

療保険とは違い，いわゆる**混合介護**も認められています。これは，医療保険が「療養の給付」という現物給付の形で，必要な給付を一体的・分割不可能な形で支給するのに対し，介護保険は「サービス費の支給」という金銭給付の形式をとっており（⇒⑤**2**），保険給付を追加するサービスの購入が想定されているという理由からです。

## 2 認 定

　要介護認定は，厚生労働大臣の定める全国一律の基準に従って行われます。認定の大まかな流れは以下のとおりです（介護保険法 27 条も参照してください）。

　①申請は，被保険者が市町村に行います。ただし，**地域包括支援センター**[3]や厚生労働省令で定める指定居宅介護支援事業者等に申請手続を代行させることができます。

　②申請を受けた市町村は，調査員を被保険者宅に派遣して訪問調査を行います。調査員は，全国共通の調査票を用いて被保険者の心身の状況を面接調査します。

手続の流れ
①申請
↓
②調査←
↓
③1次判定
↓
④2次判定
↓
⑤通知
↓
⑥認定の更新の申請

　③1次判定では，調査結果をコンピュータで分析して，介護に必要な時間（要介護認定等基準時間）を割り出し，その時間によって自立の有無・要介護度が判定されます。

　④2次判定では，コンピュータの判断に客観性を持たせるために，1次判定や主治医の意見書などをもとに**介護認定審査会**[4]による判定が行われます。

　⑤市町村は，申請から 30 日以内に，被保険者に判定結果を通知します。「自立（非該当）」と判定さ

notes
[3] 地域住民の生活に必要な援助（総合相談，生活支援体制づくり，介護予防の援助等）を行い，高齢者の保健，医療，介護，福祉などさまざまな分野を包括的に支援することを目的とする施設で，市町村が設置しています（介護保険法 115 条の 46 も参照）。
[4] 市町村が設置する要介護に関する審査・判定を行う専門機関で，要介護者等の保健・医療・福祉に関する学識経験者（医師，保健師，社会福祉士等）によって構成されます。

れた場合，介護保険から給付を受けることはできません（ただし，独自のサービスを行う市町村もあります）。介護が必要な場合，要支援1・2，要介護1から5のいずれかと判定されます（⇒**1**）。

⑥要介護認定には有効期間があるため（新規認定は原則6か月，更新認定は原則12か月），要介護認定を受けた被保険者でも，継続して給付を受けるには，認定の更新を申請する必要があります（介保28条，同法施行規則38条）。

# ⑤ 介護保険の給付
## ─受けられる介護サービスは，どのように決めるの？

要介護状態等の認定を受けた被保険者に対して，「誰が」「どのように」行われるサービスを決め（⇒**1**），被保険者は「どのような」サービス（→**2**）を受けられるのでしょうか。

## 1 介護サービスの決め方

### ケアマネジメント

介護保険の対象となるさまざまなサービスを，区分支給限度基準額の枠内で適切に，かつ総合的・効果的に提供するためには，**ケアマネジメント**（図表5-1の①から④の流れ）が重要です。

ケアマネジャー（次で説明します）は，①利用者やその家族の希望も聞き，利用者の状態・ニーズを分析します。そして，②必要な介護サービスのメニュー（**ケアプラン**〔**介護サービス計画**〕）を作成します。それに基づいて，③サービス事業者と連絡や調整を行い，事業者がサービスを提供します。

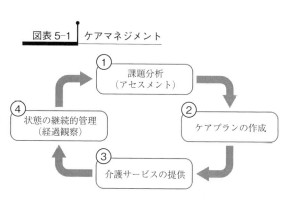

図表5-1 ケアマネジメント

① 課題分析（アセスメント）
② ケアプランの作成
③ 介護サービスの提供
④ 状態の継続的管理（経過観察）

④利用者の状態を見守り，サービスを続けながら，サービスの効果や状態の変化をみて再び調整を行います。そのために，①に戻って分析をし，②ケアプランを作成し直して……という流れができます。このような，行うべき介護保険給付を調整する作業がケアマネジメントです（図表5-2も参照）。

## ケアプランとケアマネジャー

介護保険制度が有効に機能するためのポイントは，ケアプランです。そのケアプランを作成する専門家が，法定の資格である**ケアマネジャー**（**介護支援専門員**）です（有効期間は5年で，更新には研修の受講が必要です。介保69条の7・69条の8）。役割の重要性からケアマネジャーを一定の人数配置することが介護サービス事業を行う要件の1つとなっています（⇒ *6* **2**）。

介護保険はケアプランの作成 [5] も保険給付の対象としており，サービス事業者に作成してもらった場合は，作成にかかった費用は全額給付され，利用者負担はありません（居宅介護支援，介護予防支援。なお，ケアプランは自分で作成することもできます）。

---

### Column5-2 ● 家族と介護

育児介護休業法は労働者に介護休業を保障しています（介護休業中の労働者には，介護休業給付金〔⇒ **CHAP. 4 5 3**〕による所得保障があります）。介護休業の期間は通算93日まで（同一の対象家族について3回まで分割取得できます）となっており，労働者が自分で介護を行うには不十分かもしれません。これは，介護休業が要介護家族の介護体制の構築や中長期的な介護方針を決定するための制度だからです。つまり，休業中に「復職後，介護をしながら働く」体制を整えておくのです。

なお，日本の介護保険制度は，要介護者や要支援者が事業者の行う介護サービスを利用した場合に，その費用の一部が支給されるものです。事業者を利用せず，家族が自分たちで行った介護に対しては，介護保険からの給付はありません。

---

notes

[5] 施設サービスでは入所施設が作成し，居宅サービスでは，要介護者についてはサービス事業者，要支援者については地域包括支援センター（⇒**3**）がそれぞれ作成します。

| 要介護度 | 1か月あたりの支給限度基準額<br>（自己負担1割から3割） | 利用できる在宅サービス・地域密着型サービスの目安 |
|---|---|---|
| 要支援1 | 50,320円<br>（1割5,032円）<br>（2割10,064円）<br>（3割15,096円） | 週2〜3回のサービス<br>・週1回の訪問型サービス（ホームヘルプサービス等）<br>・通所型サービス（デイサービス等）<br>・月2回の施設への短期入所 |
| 要支援2 | 105,310円<br>（1割10,531円）<br>（2割21,062円）<br>（3割31,593円） | 週3〜4回のサービス<br>・週2回の訪問型サービス<br>・通所型サービス<br>・月2回の施設への短期入所<br>・福祉用具貸与（歩行補助つえ） |
| 要介護1 | 167,650円<br>（1割16,765円）<br>（2割33,530円）<br>（3割50,295円） | 1日1回程度のサービス<br>・週3回の訪問介護<br>・週1回の訪問看護<br>・週2回の通所系サービス<br>・3か月に1週間程度の短期入所<br>・福祉用具貸与（歩行補助つえ） |
| 要介護2 | 197,050円<br>（1割19,705円）<br>（2割39,410円）<br>（3割59,115円） | 1日1〜2回程度のサービス<br>・週3回の訪問介護<br>・週1回の訪問看護<br>・週3回の通所系サービス<br>・3か月に1週間程度の短期入所<br>・福祉用具貸与（認知症老人徘徊感知機器） |
| 要介護3 | 270,480円<br>（1割27,048円）<br>（2割54,096円）<br>（3割81,144円） | 1日2回程度のサービス<br>・週2回の訪問介護<br>・週1回の訪問看護<br>・週3回の通所系サービス<br>・毎日1回，夜間の巡回型訪問介護<br>・2か月に1週間程度の短期入所<br>・福祉用具貸与（車椅子，特殊寝台） |
| 要介護4 | 309,380円<br>（1割30,938円）<br>（2割61,876円）<br>（3割92,814円） | 1日2〜3回程度のサービス<br>・週6回の訪問介護<br>・週2回の訪問看護<br>・週1回の通所系サービス<br>・毎日1回，夜間対応型訪問介護<br>・2か月に1週間程度の短期入所<br>・福祉用具貸与（車椅子，特殊寝台） |
| 要介護5 | 362,170円<br>（1割36,217円）<br>（2割72,434円）<br>（3割108,651円） | 1日3〜4回程度のサービス<br>・週5回の訪問介護<br>・週2回の訪問看護<br>・週1回の通所系サービス<br>・毎日2回（早朝・夜間）の夜間対応型訪問介護<br>・1か月に1週間程度の短期入所<br>・福祉用具貸与（特殊寝台，エアーマット等） |

なお，自己負担の額は，高額介護サービス費・高額介護予防サービス費（⇒⑧）の適用前の金額です。
支給限度基準額は，1単位10円で計算しています。サービスや地域により，これよりも高くなります（⇒⑦）。
出典：生命保険文化センターHPをもとに一部修正

## 2　保険給付の種類と内容

### 保険給付の種類

　介護保険の保険給付は 3 種類です（介保 18 条）。①要介護者には**介護給付**が行われ，②要支援者には**予防給付**が行われます。そして，③市町村ごとに条例等で**市町村特別給付** [6] を設けることができます。介護給付と予防給付をみてみましょう。

### 保険給付の内容

　(1)　**介護給付と予防給付**　　介護給付（介保 40 条）は，4 つのサービスに分類できます（**図表 5-3** も参照）。①施設サービスは，介護保険施設（**図表 5-3** の①に示す施設のことです。それ以外の施設は②(d)に分類されます）に入所して行われる介護サービスです。②居宅サービスは，(a)ホームヘルパー等が利用者の自宅を訪問して行う訪問サービス，(b)利用者が施設に通う通所サービス，(c)短期間（連続 30 日まで）施設に入所する短期入所サービス，(d)有料老人ホーム等（①以外の施設）で生活する居住型のサービス，(e)福祉用具（車椅子，歩行器，移動用リフトなど）のレンタル，(f)特定福祉用具販売（入浴や排せつに用いる，貸与になじまない福祉用具の購入費の原則 9 割を支給〔ただし，支給額は 9 万円が上限〕）といった形で，居宅で生活する被保険者を支援するサービ

notes

[6]　介護保険給付の対象外であるサービス（配食，移送，寝具乾燥等）を提供することができ（いわゆる「横だしサービス」。介保 62 条），横だしサービスにかかる費用は，第 1 号被保険者の保険料で賄います。

| 都道府県・政令市・中核市が<br>指定・監督を行うサービス | 市町村が指定・監督を行うサービス |
|---|---|
| **① 施設サービス**<br>・介護老人福祉施設（特別養護老人ホーム）<br>・介護老人保健施設<br>・介護療養型医療施設（2023〔令和5〕年度末まで）<br>・介護医療院<br><br>**② 居宅介護サービス**<br>(a) 訪問サービス<br>・訪問介護（ホームヘルプサービス）<br>・訪問入浴介護<br>・訪問看護<br>・訪問リハビリテーション<br>・居宅療養管理指導<br>(b) 通所サービス<br>・通所介護（デイサービス）<br>・通所リハビリテーション<br>(c) 短期入所サービス<br>・短期入所生活介護（ショートステイ）<br>・短期入所療養介護<br>(d) 特定施設入居者生活介護（有料老人ホーム，軽費老人ホーム等）<br>(e) 福祉用具貸与<br>(f) 特定福祉用具販売 | **③ 地域密着型介護サービス**<br>・定期巡回・随時対応型訪問介護看護<br>・夜間対応型訪問介護<br>・地域密着型通所介護<br>・認知症対応型通所介護<br>・小規模多機能型居宅介護<br>・認知症対応型共同生活介護（グループホーム）<br>・地域密着型特定施設入居者生活介護<br>・地域密着型介護老人福祉施設入所者生活介護<br>・複合型サービス（看護小規模多機能型居宅介護）<br><br>**④ 居宅介護支援** |
| **② 介護予防サービス**<br>(a) 訪問サービス<br>・介護予防訪問入浴介護<br>・介護予防訪問看護<br>・介護予防訪問リハビリテーション<br>・介護予防居宅療養管理指導<br>(b) 通所サービス<br>・介護予防通所リハビリテーション<br>(c) 短期入所サービス<br>・介護予防短期入所生活介護（ショートステイ）<br>・介護予防短期入所療養介護<br>(d) 介護予防特定施設入居者生活介護（有料老人ホーム，軽費老人ホーム等）<br>(e) 介護予防福祉用具貸与<br>(f) 特定介護予防福祉用具販売 | **③ 地域密着型介護予防サービス**<br>・介護予防認知症対応型通所介護<br>・介護予防小規模多機能型居宅介護<br>・介護予防認知症対応型共同生活介護（グループホーム）<br><br>**④ 介護予防支援**（ケアプランの作成，事業者との連絡調整等） |

（介護給付を行うサービス／予防給付を行うサービス）

このほか，④居宅介護（介護予防）住宅改修費の支給があります。
出典：厚生労働省 HP 内「介護保険制度の概要（令和3年5月厚生労働省老健局）」13 頁を一部修正。なお，表中の①から④および(a)から(f)は，本文と対応しています。

スです。③地域密着型サービスは，住み慣れた地域での生活を支えるため，身近な市町村で提供されるサービスで，市町村が事業者の指定や監督などを行い（①や②のサービスは都道府県が行います⇒図表 5-3），地域の実情にきめ細かく対応します。④その他として住宅改修費の支給（手すりの取付けや段差の解消等，厚生労働大臣が定める種類の住宅の改修にかかった費用の原則 9 割を支給〔ただし，支給額は 18 万円が上限〕），居宅介護支援があります。

　予防給付（介保 52 条）は，②居宅サービス（ただし，一部は地域支援事業に移行しました〔⇒ Column 5-3〕），③地域密着型サービス，④その他を支給しますが（⇒図表 5-3），①施設サービスが給付対象になっていないのが特徴です。

---

### Column 5-3 ● 地域包括ケアシステムと地域共生社会

　団塊の世代が 75 歳以上となる 2025（令和 7）年に向けて，**地域包括ケアシステム**の構築が目指されています。これは，高齢者が住み慣れた地域で自分らしく暮らせるよう，地域の実情に応じて，住まい・医療・介護・介護予防・生活支援が一体となったサービス提供体制作りを進めていくことです。

　2014（平成 26）年の介護保険制度改正では，地域包括ケアシステムの構築に向けて，市町村が介護保険財源で行う地域支援事業（介保 115 条の 45）を充実させました。なお，この改正では，①全国一律の基準で行う予防給付（介護予防訪問介護・介護予防通所介護）を地域支援事業に移し，多様な主体によるサービス提供ができるようにし，②特別養護老人ホーム（介護老人福祉施設）を中重度の要介護者に重点化するため，新規入所者は原則として要介護 3 以上に限定しています。

　地域包括ケアシステムは，今後，実現していこうとする社会全体のイメージを示す**地域共生社会**に向けた仕組みともいえます。地域共生社会は，住民や多様な主体が（「他人事」ではなく）「我が事」として参画し，人と人，人と資源が世代や分野を超えて（「縦割り」ではなく）「丸ごと」つながることで，住民一人一人の暮らしと生きがい，地域をともに創っていく社会のことです。この実現に向けて，2020（令和 2）年の法改正では，地域住民の複雑化・複合化した課題に対応する市町村の包括的な支援体制の構築を支援するものとして，市町村が相談支援，参加支援，地域づくり支援を一体的に実施する事業が創設されました（重層的支援体制整備事業。社福 106 条の 4 以下）。

⑵　**金銭給付の現物給付化**　　形式上，介護保険給付は，サービスにかかる費用を給付する金銭給付です。しかし，実際上はほとんどの場合に，利用者に支給される介護保険給付費をサービス事業者が**代理受領**するという形で，現物給付化されています（介保41条6項等）（⇒**図表5-4**）。

　たとえば，居宅サービスは，利用者がケアプランを保険者へ提出することで現物給付が認められます。これにより，サービス事業者が直接保険者から金銭を受け取ることができるので，利用者は利用者負担（⇒⑧）だけ支払えばよいのです。ただし，ケアプランを提出していない場合は，まず利用者が事業者に費用全額を支払い，その後保険者から介護給付分を支給してもらいます（**償還払い**）。償還払いでは，利用者がいったん全額を支払わなければならないため，負担の重さを理由にサービスの利用をためらうという問題があります。

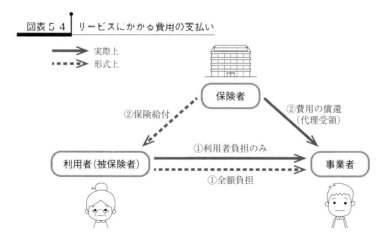

**図表5-4　サービスにかかる費用の支払い**

→　実際上
▪▪▶　形式上

保険者
②保険給付
②費用の償還（代理受領）

利用者（被保険者）
①利用者負担のみ
①全額負担
事業者

# 介護サービスの事業者
—サービスを提供する事業者には，どんな決まりがあるの？

　要介護者や要支援者がケアプランに従ってサービスを受けるときには，通常，サービス事業者と契約（介護サービス契約）を締結します。ここで，事業者に関する規制をみておきましょう。

## 1 介護サービスの担い手 ●

　介護施設は，地方公共団体や社会福祉法人（⇒**CHAP. 6 1 3**），医療法人[7]でないと設置できず，営利法人は設置できません。しかし，居宅サービスは，法人であれば株式会社などの営利法人も事業を行うことができます。

## 2 良質な介護サービスの確保 ●

　介護保険の適用対象となるサービスを提供する事業者になるには，都道府県知事の指定や許可が必要です（6年ごとの更新制。介保70条の2等）。そして，これら指定や許可，更新を受ける要件として人員・設備・運営に関する基準が設けられており，事業者の質を確保しています。たとえば，サービス利用者や施設入所者の数によって，配置しなければならないケアマネジャーの人数が決まっています（79条以下）。

---

**5-2**　　　　　　　　　　　　　　　　　　**RESEARCH**

　　高齢者の権利擁護のために，介護サービス契約の利用者（高齢者）と事業者が対等となるよう利用者側の保護を図る仕組みに，①**成年後見制度**と，②**福祉サービス利用援助事業（日常生活自立支援事業）**があります。また，介護を受ける際の施設職員や近親者等による虐待を防止するために③**高齢者虐待防止法**があります。①から③の内容を調べてみましょう。

---

 介護サービスの価格
　―介護サービスの値段は，決まっているの？

　事業者が要介護者や要支援者に介護サービスを提供した場合，その対価として事業者に支払われる費用は，**介護報酬**に基づいて決まります（1割から3割

---

notes ─────────────────────────────────

　[7]　病院，医師・歯科医師が常時勤務する診療所，介護老人保健施設，介護医療院の開設を目的として設立される法人のことです（医療39条）。

は利用者が負担し〔⇒ §〕，残りの7割から9割は介護給付費として保険者から支払われます）。介護報酬は，厚生労働大臣が社会保障審議会（介護給付費分科会）の意見を聴いて，告示で定めるので（3年ごとに見直されます），事業者が自由に決めることはできません。

　介護報酬はサービスごと（居宅サービス11種類〔訪問介護費，訪問看護費，通所介護費など〕，施設サービス4種類〔介護福祉施設，介護保健施設，介護療養施設，介護医療院〕，ケアプラン作成の計16サービス）に分類され，利用者の要介護度，サービスにかかる時間，施設の種類等に応じて単位数で示されます。利用するサービスや地域により人件費が異なるため，1単位あたりの単価はこれらに応じて異なります（サービスは3段階，地域は8段階〔1から7級地・その他〕に分かれます）。1単位10円を基準として，人件費割合の高いサービスや都市部では単価が上がります（東京23区における訪問介護等で最も単価が大きく11.40円になります）。

---

### Column5-4 ● 　介護職員の処遇改善

　今後高齢化がさらに進むため，介護職員の確保は重要な課題です。しかし，介護職員の離職率は高く，労働内容の割に給与が低いことが理由の1つに挙げられます。

　そこで，一定の基準（給与の引上げ，キャリアアップ体制の整備，職場環境の改善等）に従って介護職員の処遇改善を行っている事業者に介護報酬を加算する介護職員処遇改善加算，介護職員等特定処遇改善加算，介護職員等ベースアップ等支援加算を設けて，介護職員の処遇改善が図られています。

---

 ## 介護サービスの利用者負担
　—サービスを受けたときに支払うのは，どのぐらい？

　介護サービスの利用者は，原則として介護に要した費用の1割，一定以上の所得の人は2割または3割を自己負担します（介保49条の2・59条の2）。ただし，ケアプランの作成には利用者負担はなく，全額が保険給付として負担し

てもらえます（⇒ 5 1）。なお，施設サービスでは，食費と部屋代は利用者が全額負担します。

　また，低所得者への配慮等から，介護サービスの利用者負担には 1 か月あたりの上限額（所得に応じて区分）が設定されており，その上限額を超えた分は，市町村に申請すると払い戻されます（**高額介護サービス費・高額介護予防サービス費**。介保 51 条・61 条）。

　さらに，医療保険と介護保険の両方を利用している世帯の負担を軽減する制度があります。世帯を単位として，医療保険と介護保険の 1 年間の自己負担額を合計して基準額（被保険者の年齢や所得に応じて区分）を超えた場合に，市町村に申請すると超えた金額分が支給されます（**高額医療合算介護サービス費・高額医療合算介護予防サービス費**。介保 51 条の 2・61 条の 2）。

#  介護保険財政 —介護保険給付費の財源はどこから？

　介護保険給付費のうち，利用者負担（⇒ 8）を除いた部分は，保険料で半分を賄い（⇒ **1**），残りの半分を公費（税金）で賄っています（⇒ **2**）。

## 1　保険料 ─────────────────●

　保険料は介護保険給付費の 50％ を賄います。この 50％ を第 1 号被保険者と第 2 号被保険者の構成比に応じて負担します。2023（令和 5）年度は，第 1 号被保険者の保険料で 23％，第 2 号被保険者の保険料で 27％ を賄います（個々の被保険者の保険料額は⇒ 3）。

## 2　公　費 ─────────────────●

　公費は介護保険給付費の 50％ を負担します。国，都道府県，市町村の負担割合は，居宅給付では，国 25％，都道府県 12.5％，市町村 12.5％ で，施設等給付では，国 20％，都道府県 17.5％，市町村 12.5％ です。これら国の負担のうち 5％ は市町村間の財政調整を行うための調整交付金で，第 1 号被保険者の

年齢階級別の分布状況，第1号被保険者の所得の分布状況等が考慮されるため，その割合は市町村ごとに異なります（介保121条以下）。

## 3　財政を安定させるための措置

　市町村は規模や財政力に大きな差があるため，都道府県ごとに**財政安定化基金**が設置されており，この基金から市町村に財政支援（資金の交付や貸付け）を行います（介保147条）。また，介護保険運営を広域化し，円滑にするため，近隣の複数の市町村で財政を調整し，統一の保険料を設定する仕組みもあります（**市町村相互財政安定化事業**。148条）。

---

**CHECK**

□ 1　介護保険制度が創設されたのには，どのような社会的背景がありましたか。また，介護保険の創設まではどのような形で介護が行われていましたか。

□ 2　介護保険の第1号被保険者と第2号被保険者とでは，どのような点が異なりますか。

□ 3　各被保険者の保険料は，どのように決まりますか。

□ 4　介護保険から給付を受けるために必要な要介護認定は，どのような流れで行われますか。

□ 5　被保険者が実際に受ける介護サービスは，「誰が」「どのように」決めますか。

□ 6　介護給付と予防給付から行われるサービスは，どのように分類できますか。また，介護サービスを実際に提供するのは，誰ですか。

□ 7　介護サービスの値段はどのように決まりますか。

□ 8　介護サービスを利用したときには，何割の自己負担を支払いますか。

□ 9　介護保険の財政はどのようになっていますか。

第**6**章

# 社会福祉・社会手当

　社会保障制度には，事前の金銭負担は求めずに必要性に基づいて給付を行う制度があります。この章では，そのような制度のうち，第二のセーフティネット（⇒**CHAP. 7**）と生活保護（⇒**CHAP. 8**）以外の制度を，社会福祉・社会手当として説明します。

　はじめに社会福祉・社会手当全体に関わる点を説明した後（⇒①），対象者ごとに社会福祉制度をみます。高齢者について，介護保険を利用できない高齢者に対するサービスや，介護保険の対象となっていないサービスを行う制度があります（⇒②）。障害者に対しては，福祉サービスによる日常生活の自立や，就労支援を通じて経済生活の自立を支援することが重要です（⇒③）。子どもの健全育成には，教育・保育サービスの保障に加えて，児童虐待，障害児，ひとり親家庭などへの対応も必要です（⇒④）。最後に，社会手当に分類される，児童や重度障害者を支える金銭給付について説明します（⇒⑤）。

# 1 制度の目的 —社会保険制度とどう違うの？

## 1 社会福祉・社会手当とは ————————————————●

**社会福祉**制度とは，身体上，精神上，家庭上の理由により，日常生活に支障がある人たちに，社会的にさまざまなサービスを提供する制度をいいます。これにより，自立を支援するとともに社会参加の促進を行うことを目的としています。

**社会手当**制度とは，事前の金銭負担を必要とせずに金銭を給付する制度で，日本では，児童の健全育成や，児童および重度障害者の福祉の増進を目的としています（⇒ ⑤）。

### ▌社会福祉・社会手当に関連する法律の成立 ▌

社会福祉制度は，1940年代後半に，生活保護法（ただし，1950〔昭和25〕年に全面的に改正されています），児童福祉法，身体障害者福祉法が立て続けに制定されてから発展しました（これらを**福祉三法**といいます）。さらに，1960年代に入ると，精神薄弱者福祉法（現在は，知的障害者福祉法に名称変更），老人福祉法，母子福祉法（現在は，母子及び父子並びに寡婦福祉法に名称変更）が制定されます（福祉三法とこれら3つの法律をあわせて**福祉六法**といいます）。このように，社会福祉制度は，児童，障害者，高齢者，母子家庭（さらには，ひとり親家庭）というように，対象者ごとに制度化されていることが特徴です。

また，1960年代から1970年代には，社会手当に分類される児童扶養手当法，特別児童扶養手当法，児童手当法が制定されています。

### ▌社会保険・公的扶助と比較した社会福祉・社会手当の特徴 ▌

社会福祉・社会手当は，社会保険と公的扶助（生活保護）の中間に位置づけられる制度です。これらは，①社会保険と異なり，給付を受けるための事前の金銭負担はありません（**対価性がない**といいます）。そして，②税金を財源としている点で，公的扶助と共通します。しかし，③公的扶助と異なり，厳格な資

力調査（ミーンズ・テスト）は行われません。社会福祉も社会手当も①から③の特徴がありますが，社会福祉は，サービスを提供する，またはサービスの利用に使うための金銭を給付します。他方で，社会手当は，金銭の給付という点は同じですが，使い道がサービスの利用に限定されないという点で社会福祉と異なります。

## 2 社会福祉サービスの供給体制

### 国・都道府県・市町村

国や地方公共団体は，社会福祉に関わる事業者と協力してサービス提供体制の確保やサービス利用の推進施策等の必要な措置を講じなければなりません（社福6条）。

国は，厚生労働省が社会福祉に関わる政策や法令を管轄しています。

都道府県は，国と市町村との連絡調整，市町村への指導，社会福祉法人の認可や社会福祉施設の設置の許可，介護保険事業者・施設の指定・監督等を行っています。また，法律に基づいて，社会福祉の現場に関わる行政機関が設置されています（たとえば，児童相談所〔児福12条〕，身体障害者更生相談所〔障害福祉11条〕）。

市町村は，住民に最も身近な自治体として，福祉サービスの事務の大部分について権限を持っており，サービスの支給，施設への入所やサービス利用に関する決定権限も持っています。また，市町村の福祉事務所（⇒ CHAP.8 3 2）は，社会福祉に関する事務を取り扱う行政機関として，大きな役割を果たしています。

### 措置方式とその問題点

以前は，社会福祉制度の給付は**措置方式**で実施されてきました。これは，行政（措置権者）が利用者（介護の必要な高齢者，保育の必要な児童等）のサービスの要否・種類・程度・入所施設等を判断・決定する方式です（⇒**図表6-1**）。

しかし，措置方式に対しては3つの問題が指摘されていました。①サービスの要否や内容を行政が一方的に決定するため（**行政処分**⇒ CHAP.2 ④），利用

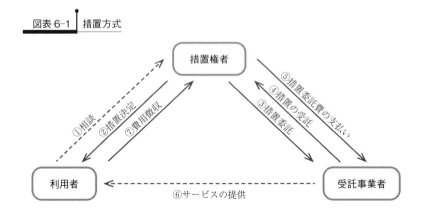

**図表6-1** 措置方式

措置権者

①相談
②措置決定
⑦費用徴収

⑤措置委託費の支払い
④措置の受託
③措置委託

利用者

⑥サービスの提供

受託事業者

者が選択できず，事業者のサービスが画一的になること，②サービスの利用者に応能負担を求めるため，所得調査が行われ，そのことが制度の利用に心理的抵抗を生んでいること，③**職権主義**[1] による福祉サービスの利用は，利用者の権利ではなく，行政に措置義務があることから生じる反射的な利益と考えられ，利用者の法的地位があいまいであることです。

## 社会福祉基礎構造改革

そこで，1990 年代後半から措置方式の見直しが進められます。これは**社会福祉基礎構造改革**と呼ばれ，サービスの利用の点からは，利用者と事業者の権利義務関係を明確にして，利用者の尊厳を重視した福祉サービスを提供することを目指しました。

(1) **措置から契約へ**　サービスの提供は，それまでの措置方式から，利用者が自ら事業者を選択し，事業者と直接契約を締結する方式に変わりました。この動きは，「**措置から契約へ**」と呼ばれ，高齢者・障害者・児童のいずれの福祉サービスにも共通してみられます（⇒(2)）。そして，民間事業者を参入させてサービスの供給量を増やし，競争によってサービスの質が向上することを目指しました。他方で，国や地方公共団体の責任は必ずしも福祉サービスの担い手となることではなくなり，サービス費用を負担することに変化しています。

**notes**
[1]　実施機関が希望者からの申請を待たず，職務上の権限で自主的に判断を行う方法です。

また，サービスが実施されるきっかけも職権主義から**申請主義**[2]になり，要件を満たしていても申請がなければ利用できません。逆に，利用希望者から申請があれば，行政機関は諾否の応答をしなければなりません。

(2) **現在の給付方式**　対象者により，①介護保険方式（⇒**CHAP.5**），②障害者に対する自立支援給付方式，③子どものための教育・保育給付の方式に分かれます（⇒**図表6-2**。いずれも代理受領の場合）。

図表6-3で，大まかに，措置方式と現在の給付方式の違いを示します。

なお，現在でも，やむをえない事由（たとえば，家族からの虐待）等がある場合は，措置方式により福祉サービスが提供されます（たとえば，養護老人ホーム〔老福11条〕，乳児院，児童養護施設〔以上，児福27条1項3号〕，障害福祉サービスにつき障害福祉18条，知的障害15条の4・16条1項2号）。

(3) **サービス提供事業者の義務等**　福祉サービスにかかる契約では，利用者が契約締結に必要な判断能力を十分に有しないことがあるため，利用者を保護するための支援が必要となります。

社会福祉法は，社会福祉事業の経営者に対し，利用者への情報提供の努力義務[3]（75条），サービス利用契約申込み時の契約内容や履行に関する説明の努力義務（76条），サービス利用契約成立時の書面交付義務（77条），誇大広告の禁止（79条）を規定しています。さらに，福祉サービスの質の向上のため，事業者の提供するサービスの質を公正・中立な第三者機関が評価する事業があります（第三者評価事業。78条）。

# 3　社会福祉サービスの担い手と事業の内容 ────────●

## | 社会福祉サービスの担い手 |

(1) **社会福祉法人**　**社会福祉法人**は，社会福祉事業を行う目的で設立された法人です（社福22条）。社会福祉事業に対する社会的信用や事業の健全性を

─────────────────────────────── notes

[2]　実施機関が希望者からの申請に基づいて判断を行う方法です。
[3]　法律上，「○○（するよう）に努めなければならない」と規定される義務のことです。努力目標を設定したものであり，○○を実現できなくてもただちに違法とはなりませんが，具体的な努力の内容が指針等で示され，当事者にその履行が促されることもあります。

図表 6-2 | 各方式のサービス提供の仕組み

▶ 介護保険方式

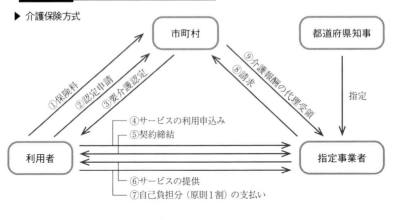

▶ 自立支援給付方式

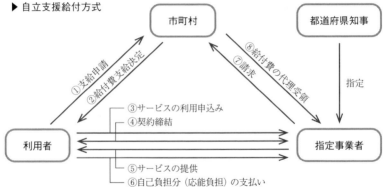

▶ 子どものための教育・保育給付の方式（保育所の場合）

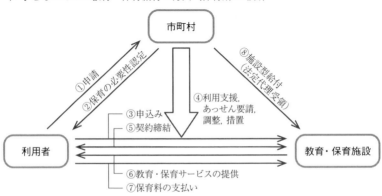

| | 措置方式 | 介護保険方式 | 自立支援給付方式 | 子どものための教育・保育給付の方式 |
|---|---|---|---|---|
| サービスまでの流れ | 行政機関の職権→措置 | 利用者の申請→要介護認定→ケアプランの作成 | 利用者の申請→障害支援区分認定→支給決定 | 利用者の申請→保育の必要性認定→給付認定 |
| サービスの提供 | 行政が一方的に事業者を決定 | 選択した指定事業者と契約締結 | 選択した指定事業者と契約締結 | 市町村が関与して施設や事業者と契約締結* |
| 保険料負担 | なし | あり | なし | なし |
| 利用者負担 | 応能負担 | 応益負担 | 応能負担 | 子どもの年齢も考慮した応能負担 |

* ただし，私立保育所の場合は市町村と保護者との契約となります（⇒**14**）。

維持するため，設立，運営費，事業収入に関する厳格な公的規制・監督を受けますが，後述する第一種社会福祉事業の経営主体となることができます。また，施設整備に対する支援・助成や税制上の優遇を受けられます（憲法89条の「公の支配」の下にあるとされ，市町村や都道府県が社会福祉法人の行う社会福祉事業に措置費を支出することは，同条の定める，「公の支配に属しない慈善……若しくは博愛の事業」に対する公金の支出を禁止する規定に違反しません）。

(2) **その他の組織**　NPO法人は，社会福祉法人と同じく，非営利で公益性のある団体ですが，設立の審査も，規制・監督も，社会福祉法人ほど厳格ではありません。その分，柔軟で多様な社会福祉事業を行えますが，受けられる税制上の措置は社会福祉法人のほうが大きいです。

さらに，地域福祉の推進を目的とした非営利の民間組織に，**社会福祉協議会**（社協）があります（市区町村および都道府県に設置されます〔社福109条・110条〕。なお，ここでいう「区」は，特別区ではなく，指定都市に条例で設けられている区〔いわゆる行政区。自治252条の19・252条の20〕です）。社会福祉協議会は，地域住民やボランティア，福祉・保健等の関係団体，行政機関等と協力し，社会福祉事業の企画や実施を行っています。

(3) **福祉サービスに従事する人材**　社会福祉に関わる国家資格の職業は，医師や看護師だけではありません。障害者に関わる精神保健福祉士，児童に関

わる保育士，介護が必要な高齢者や障害者に身体介護を行う介護福祉士，福祉サービスの必要な人への助言・指導，福祉サービス関係者の連絡・調整等を行う社会福祉士などがあります。

社会福祉主事は，公務員が特定の業務に任用されるときに必要な資格（任用資格）で，福祉事務所などの公的機関で働き，地域で福祉サービスを必要とする人への相談・助言を行います。また，社会福祉施設職員等の資格に準用[4]されており，社会福祉施設の施設長や生活指導員等になるにも必要な資格です。

民生委員は，厚生労働大臣から委嘱された非常勤の地方公務員で，地域住民の生活や福祉に関する相談・援助を行うほか，福祉事務所等の業務に協力します。

## ┃ 事業の内容 ┃

社会福祉法2条は，「社会福祉事業」を**第一種社会福祉事業**と**第二種社会福祉事業**に分け，規制と助成によって適正に実施されなければならないものを列挙しています。

(1) **第一種社会福祉事業**　　第一種社会福祉事業は，利用者への影響が大きいため，利用者の保護の必要性が高く，強い公的規制がかかる事業です。主に入所施設サービスです（たとえば，生活保護法上の救護施設，老人福祉法上の特別養護老人ホーム，児童福祉法上の乳児院など）。入所して利用するサービスは生活全体に関わるため，利用者の人権擁護の観点から，確実で公正な運営が求められます。そのため，経営主体は原則として国・地方公共団体・社会福祉法人に限られ，都道府県知事等への届出が必要です（社福60条・62条1項）。その他の主体が経営するには，都道府県知事の許可が必要です（62条2項）。

(2) **第二種社会福祉事業**　　第二種社会福祉事業は，利用者への影響が比較的小さいため，公的規制の必要性が低い事業です。主として在宅・通所のサービスです（たとえば，身体障害者福祉法上の身体障害者生活訓練等事業など）。経営主体の制限はなく，すべての主体が都道府県知事に届出をすることによって事業を経営できます（社福69条）。もっとも，社会福祉法以外の個別の法律で

notes ─────────────────────────────────────────────●
[4] ある事項に関する規定を，他の類似する事項に（必要な変更を加えたうえで）あてはめることです。

経営主体を制限しているのが一般的です。たとえば，国・都道府県・市町村以外の者が第二種社会福祉事業の１つである保育所を設置する場合，（届出ではなく）都道府県知事の認可が必要になります（児福 35 条 4 項）。

 ## 2 高齢者福祉 ―介護保険以外に，どんな制度があるの？

### 1 高齢者に対する福祉サービス

高齢者に対する福祉サービスの中心は介護保険（⇒**CHAP. 5**）ですが，そのほかに老人福祉法による福祉の措置，生活保護法による介護扶助，障害者総合支援法（障害を有する高齢者の場合です⇒**3**）などで補われています。これらのうち，老人福祉法による福祉の措置を説明します。

### 2 老人福祉法

**｜老人福祉法に基づくサービス｜**

介護保険は，基本的には直接介護に関わるサービスに限られているため，食事を定期的に提供する配食サービスのように，重要だけれども介護保険の対象となっていないサービスがあります（ただし，介護保険の市町村特別給付〔⇒**CHAP. 5 5 2**〕として行っている市町村もあります）。これらは老人福祉法を根拠として行われます。また，介護保険により実施されるサービスでも，家族から虐待を受けているなどの事情から介護保険を利用できない人もいます。こうした場合も，老人福祉法に基づく措置によりサービスが行われます。

**｜老人福祉の実施体制｜**

高齢者の福祉を増進する責務を負うのは国と地方公共団体です（老福 4 条）。特に，市町村は，当該市町村に居住する，65 歳以上で，身体上または精神上の障害があるために日常生活を送るのに支障がある人が居宅で日常生活を送れるよう配慮しつつ，①これらの人に対して福祉の措置の実施に努め，②福祉の措置と介護保険法上のサービス等との連携，調整を図るといった体制整備に努

める義務を負っています（老福10条の3）。また，市町村福祉事務所は，老人福祉に関する情報提供，相談，指導等の業務を行います（5条の5）。

## 老人福祉の措置

老人福祉法に基づく老人福祉サービスは，居宅サービス[5]と施設サービス[6]に分けられます。いずれのサービスも，65歳以上で，身体上または精神上の障害，養護者の状況，環境上の理由および経済的理由等により，介護や施設入所等の必要性がある人が対象です（老福10条の4・11条）。

さらに，サービスを受けるには，やむをえない事由（たとえば，家族からの虐待，家族が介護を放棄している）により介護保険の利用が著しく困難であることが求められます。また，現実には65歳以上の介護保険未加入者も存在します（ホームレス，服役等により長期にわたり居住実態がなく，住民票の職権削除が行われた場合など）が，これらの人も老人福祉法に基づくサービスを利用できます。このように，市町村が行う福祉の措置は，老人福祉制度におけるセーフティネットとなります。

## 老人福祉の措置の費用

老人福祉の措置の費用は，実施者である市町村が支出します（老福21条）。ただし，市町村が支出した費用を国・都道府県も法律で定める割合で負担します（24条・26条）。しかし，老人福祉法は，都道府県も国も，費用を「補助することができる」と規定していますので，補助しなくても責任は問われません。つまり，老人福祉の措置に必要な費用負担の最終責任は市町村にあるため，市町村の財政規模によってサービスの内容に差が出る可能性があります。

また，市町村長は，利用者または扶養義務者から負担能力に応じて費用の全部または一部を徴収できます（老福28条）。

notes ─────────────────────────────────────────────

[5] 老人居宅介護等事業，老人デイサービス事業，老人短期入所事業，小規模多機能型居宅介護事業，認知症対応型老人共同生活援助事業，複合型サービス福祉事業のことです（老福5条の2）。

[6] 老人デイサービスセンター，老人短期入所施設，養護老人ホーム，特別養護老人ホーム，軽費老人ホーム，老人福祉センター，老人介護支援センターのことです（老福5条の3）。

# 3 障害者福祉 [7]—障害者には，どのような支援が必要？

## 1 障害者と政策の視点 ●

### | 障害者とは |

　障害福祉サービスの根拠となる障害者総合支援法は，4条1項で，同法の対象となる障害者を，身体障害者福祉法4条に規定する身体障害者，知的障害者福祉法にいう知的障害者のうち18歳以上の者，精神保健福祉法5条に規定する精神障害者のうち18歳以上の者，難病等で一定の障害のある18歳以上の者と定めています。それぞれ詳しくみてみましょう。

　(1) **身体障害者**　身体障害者福祉法4条は「身体障害者」を，同法の「別表に掲げる身体上の障害がある18歳以上の者であつて，都道府県知事から身体障害者手帳の交付を受けたもの」と定めています。そして，同法施行規則では，障害の程度を1級から7級に区分しています（別表第5号）。また，都道府県知事（一定の都市の場合は市長）に申請して，**身体障害者手帳**の交付を受けることが，身体障害者福祉法によるサービスを受けるための要件であることもわかります（7級の障害は，1つだけでは手帳の交付を受けられず，2つ以上重複する場合に6級となり，手帳が交付されます）。

　(2) **知的障害者**　知的障害者福祉法は「知的障害者」の定義を置いていません。その理由は，「知的障害」の判定基準や方法が確立されていないため，対象を厳格に限定するのではなく，幅広く援助・保護を行うことが法の目的に適うためだと説明されています。なお，児童相談所または知的障害者更生相談所において知的障害と判定された人に対して**療育手帳**が交付されます（法律ではなく，厚生省〔当時〕通知に基づく制度です）。

　(3) **精神障害者**　精神保健福祉法5条は，「精神障害者」を「統合失調症，

─── notes

[7]　本書では，①現行法の表記に従い，また，②障害者の社会参加が制限・制約される原因は個人の属性にあるのではなく，社会にある多くの障害物や障壁にあり，その障害物や障壁を改善・解消することが必要であるという考え方（これを，障害の「社会モデル」ということがあります）により，「障害」と表記します。

精神作用物質による急性中毒又はその依存症，知的障害，精神病質その他の精神疾患を有する者」と定めています。精神障害者は，都道府県知事に**精神障害者保健福祉手帳**の交付を申請することができます。

療育手帳と精神障害者保健福祉手帳は，取得していなくても障害者総合支援法のサービスを受けられますが，取得していると，①手続がスムーズに進みますし，②同法とは別に公共料金の割引等の生活支援が受けられます（②は身体障害者手帳にもあてはまります）。

**(4) 難病等患者** 「治療方法が確立していない疾病その他の特殊の疾病であって政令で定めるもの」（障害者総合支援法4条1項。「難病等」とします）として，366疾病（2021〔令和3〕年11月以降）が対象となっています。難病等による障害により，継続的に日常生活または社会生活に相当な制限を受ける18歳以上の人は，身体障害者手帳，療育手帳，精神障害者保健福祉手帳を取得していなくても障害者総合支援法のサービスを受けられます。

## 障害者福祉政策の視点

障害者に対する支援は，3つの視点から考える必要があります。まず，自立した日常生活を送るための支援です（⇒**2**）。次に，経済的な自立を獲得するための支援です（⇒**3**）。そして，障害者が孤独や引きこもりにならないよう社会的なつながりを維持するための支援です（⇒**RESEARCH 6-1**）。

---

6-1 **RESEARCH**

　障害者が社会活動に参加するには，安心して移動や施設の利用ができることが必要です。たとえば，駅にエレベーターを設置したり，ノンステップバスを導入して公共交通機関を使いやすくすることや，多くの人が利用する施設（学校，病院，百貨店など）の出入口にスロープを設置したり，駐車スペースを広くして車椅子でも利用できるようにすることが考えられます。こうした，いわゆるバリアフリーについて，高齢者，障害者等の移動等の円滑化の促進に関する法律（バリアフリー新法）の内容を調べてみましょう。

---

## 2 日常生活自立支援——障害福祉サービス ————————●

障害福祉サービスは，障害者総合支援法に基づき，**自立支援給付**方式により行われています。

### サービスの種類

障害者総合支援法により障害者が利用できる福祉サービスは，①介護給付（次で説明します），②訓練等給付（⇒ **3**），③自立支援医療[8]，④補装具[9]，⑤相談支援給付[10]，⑥地域生活支援事業の6つに整理されます。このうち，⑥地域生活支援事業（⇒ **Column 6-1**）以外が自立支援給付です。

---

**Column 6-1 ● 地域生活支援事業**

障害のある人が，自立した日常生活や社会生活を送れるよう，市町村および都道府県は，地域の特性や障害者の状況に応じて地域生活支援事業（障害者総合支援法77条以下）を実施します。

市町村事業には，相談支援事業，成年後見制度利用支援事業，自発的活動支援事業，日常生活用具給付等事業，移動支援事業，地域活動支援センター機能強化事業といったものがあります。また，都道府県事業には，専門性の高い相談支援事業（発達障害者支援センター運営事業等）や広域的な支援事業（都道府県相談支援体制整備事業等）などがあります。

---

### 介護サービスの利用

(1) **どうしたらサービスを受けられるの?** 障害者総合支援法の介護給付を受けるには，市町村の支給決定が必要です（障害者総合支援法19条以下）。障害者が市町村に申請をし，これを受けて市町村は，全国統一基準の認定調査を

---————————— notes

[8] 障害者の心身の障害を軽減するための医療にかかった費用を，障害者の所得に応じて支給します（障害者総合支援法52条以下）。

[9] 障害者の身体機能を補完・代替する用具（車椅子等）の購入・借受け・修理にかかった費用の原則9割を支給します（障害者総合支援法76条）。

[10] 地域相談支援および計画相談支援にかかった費用を支給します（障害者総合支援法51条の5以下）。

行い，コンピュータ判定（1次判定），市町村審査会による判定（2次判定）を経て**障害支援区分**を認定し（非該当・区分1から6），申請者に結果が通知されます。

この障害支援区分は，障害の重さではなく，必要とされる標準的な支援の度合を示す区分で，市町村が支給の要否，サービスの種類（⇒**図表6-4**）や量などを決定するための判断材料の1つとされます。この区分認定の後で，さらに，障害者の介護を行う人の状況や居住環境，サービスの利用意向の聴取，サービス等利用計画案などを総合的に考慮して，介護給付が必要と認定された場合に，申請者に介護給付の支給決定を行います。

(2) **どの程度サービスを受けられるの？** 支給決定では，サービスの種類ごとに支給量が月単位で定められます。支給量は利用者ごとに個別に決定され，また，利用者ごとに個別に上限が設定されます。そして，支給決定を受けた人は，都道府県知事の指定を受けた事業者・施設と契約を締結します。

---

### Column6-2 ● 義務付けの訴え（義務付け訴訟）

十分な量の支給決定がされなかった場合に，障害者側から希望どおりの支給量の義務付けを求める訴訟が提起されることがあります。これは，行政庁に一定の処分（ここでは，具体的な社会保障の給付）をするよう求める訴えで，**義務付けの訴え（義務付け訴訟）**といいます（行訴3条6項）。和歌山地判平成24・4・25判時2171号28頁［百選101］で，裁判所は，①1か月268時間の介護支給量しか認めなかった市の支給決定を取り消し，②1か月542.5時間を下回らない支給決定を義務付ける判決を下しました。これは，一定の幅のある支給量の義務付けを認めているため，「抽象的義務付け判決」と呼ばれます。

---

### ┃ サービスの費用負担 ┃

自立支援給付のうち，精神通院医療にかかる自立支援医療費は，国と都道府県が2分の1ずつ，それ以外の給付の費用は，国が2分の1，都道府県と市町村が4分の1ずつ負担します（障害者総合支援法92条以下）。

また，障害者もサービスの費用を負担します。障害者は利用したサービスの代金全額を支払い，その後で市町村は利用者負担を除いた金額を障害者に支給

| | | |
|---|---|---|
| **訪問系サービス** | 居宅介護<br>（ホームヘルプ） | 自宅で入浴や排せつ，食事の介護等をします。 |
| | 重度訪問介護 | 重度の障害があり常に介護が必要な人に，自宅や入院先で入浴や排せつ，食事等の介護や外出時の移動の補助をします。 |
| | 同行援護 | 視覚障害により移動が著しく困難な人に，外出時に同行して移動の支援を行います。 |
| | 行動援護 | 知的障害や精神障害により行動が困難で介護が必要な人に，行動する時必要な介護や外出支援等をします。 |
| | 重度障害者等<br>包括支援 | 介護が必要な程度が非常に高いと認められた人に，居宅介護等複数のサービスを包括的に行います。 |
| **日中活動系サービス** | 短期入所<br>（ショートステイ） | 自宅で介護を行う人が病気等の場合，短期間，施設等で，入浴，排せつ，食事の介護等を行います。 |
| | 療養介護 | 医療の必要な障害者で常に介護が必要な人に，医療機関で機能訓練や療養上の管理，看護，介護や世話をします。 |
| | 生活介護<br>（デイサービス） | 常に介護が必要な人に，施設で入浴や排せつ，食事の介護や創作的活動等の機会を提供します。 |
| **施設系サービス** | 施設入所支援 | 施設に入所する人に，入浴や排せつ，食事の介護等をします。 |

出典：厚生労働省 HP をもとに一部修正

する義務を負います。つまり，障害者総合支援法に定める給付は，サービスにかかった費用を支給するものです。しかし，実際には，市町村は介護給付を障害者に対してではなく，事業者に対して支給しており（**代理受領**），障害者はサービス利用時に利用者負担分だけを支払えばよいことになっています。利用者負担は，世帯の収入に応じて4つの区分で負担上限月額が設定されており（応能負担），1か月に利用したサービス量にかかわらずそれ以上の負担は生じません（⇒**図表6-5**）。なお，サービスにかかる費用の1割にあたる額のほうが負担上限月額よりも少ない場合は，1割相当額が利用者負担となります（障害者総合支援法29条等）。また，障害者と配偶者で，1か月あたりの障害福祉サービス（介護給付および訓練等給付）の利用者負担（介護保険も利用している場合はその利用者負担も含む）が基準額を超える場合，超えた金額が払い戻しされます（高額障害福祉サービス等給付〔障害者総合支援法76条の2〕）。

**図表6-5** 障害福祉サービスの利用者負担

| 区分 | 世帯の収入状況 | 負担上限月額 |
|---|---|---|
| 生活保護 | 生活保護受給世帯 | 0円 |
| 低所得 | 市町村民税非課税世帯* | 0円 |
| 一般1 | 市町村民税課税世帯（所得割16万円未満**）<br>※入所施設利用者（20歳以上），グループホーム利用者を除く***。 | 9300円 |
| 一般2 | 上記以外 | 3万7200円 |

\* 3人世帯で障害者基礎年金1級受給の場合，収入が概ね300万円以下の世帯
\*\* 収入が概ね600万円以下の世帯
\*\*\* 入所施設利用者（20歳以上），グループホーム利用者は，市町村民税課税世帯の場合，「一般2」となる。
出典：厚生労働省HPをもとに一部修正

## 3　経済生活自立支援——障害者の就労支援

　障害者が働けるよう支援し，経済的に自立できるようにする方法として，障害者総合支援法は，自立支援給付（⇒**2**）の1つである訓練等給付により，障害者が一般企業ではなく社会福祉施設で働く機会を与える形で就労支援を行っています（**福祉的就労**と呼ばれることもあります）。訓練等給付のうち，就労に向けた訓練を行うものとして**就労移行支援**と**就労継続支援**があり，障害者はこれらの支援を受けるときの費用の一部を負担しますが（⇒**図表6-5**），残りの費用は訓練等給付として，支援を行った施設が代理受領します（これらのほか，訓練等給付として，自立訓練，就労定着支援，自立生活援助，共同生活援助〔グループホーム〕があります。また2022（令和4）年の法改正で，障害者の希望，能力，適性に合った就労先の選択を支援する就労選択支援が新設されました）。

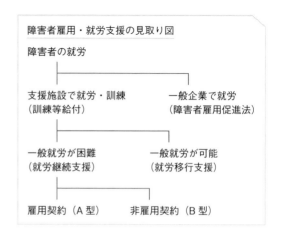

## 就労移行支援

　就労移行支援は，一般企

業への就労を希望し，かつ一般就労が可能と見込まれる 65 歳未満または一部の 65 歳以上の障害者に対して，一定の期間（原則 2 年），就労に必要な知識と能力を向上させるための訓練を行うものです。

## 就労継続支援

就労継続支援は，一般企業に雇用されることが困難な障害者に，就労の場所を提供し，就労に必要な知識や能力のための訓練・支援を行うものです。これは，雇用契約を結び，原則として労働法の対象になる（最低賃金も保障される）A 型と，雇用契約を結ばず，労働法の対象にはならない（就労の対価は「工賃」とされ，最低賃金法の規制が及ばない）B 型に分けられます。

---

6-2 **RESEARCH**

障害者の一般企業での就労を支援する法律に，障害者雇用促進法があります。この法律は，障害者の職業生活における自立を促進するための措置を講じることで，障害者の職業の安定を図ることを目的としています。同法に基づいて事業主が負っている，「雇用義務（雇用率制度）」「差別の禁止」「合理的配慮の提供義務」について調べてみましょう。

---

# 4 児童福祉 —児童には，どのような支援が必要？

## 1 児童福祉の原理

児童福祉施策の基本法である児童福祉法は，児童の健全育成を国民の努力義務（2 条 1 項），児童の保護者・国・地方公共団体の責任（同条 2 項・3 項）とし，また，これは児童福祉を保障するための原理であり，児童に関する法令が常に尊重しなければならない（3 条）としています。つまり，児童[11] の養育に関する制度は，いずれも児童の健全育成という観点からなされます。

以下では，児童福祉サービスで大きな役割を担っている教育・保育施設と

---

**notes**

[11] 児童の年齢は法律によって異なります。たとえば，児童福祉法 4 条は，「満 18 歳に満たない者」，児童手当法 3 条 1 項は「18 歳に達する日以後の最初の 3 月 31 日までの間にある者」，母子及び父子並びに寡婦福祉法 6 条 3 項は「20 歳に満たない者」としています。

（⇒**2**），特別な配慮が必要な児童に対する法制度（⇒**3**）をみてみましょう。

## 2 子どものための教育・保育給付 ────────────●

　まず，教育・保育施設の利用に関わる**子どものための教育・保育給付**（子育て支援11条以下）について説明します。

### ┃ 支援の対象となる教育・保育施設

　(1)　**幼稚園**　　**幼稚園**は，学校教育法を根拠法令とし，教育のための施設という面を強く持っています。

　満3歳から小学校就学前までの幼児が対象となり，1日4時間が標準的な教育時間です。

　(2)　**保育所**　　**保育所**は，児童福祉法を根拠法令とし，「保育を必要とする」乳幼児の保育を行う施設で（39条），保護者に代わって乳幼児を保育する福祉の施設という面を強く持っています。市町村には，保育を必要とする乳幼児を保育所で保育する義務[12]があります（24条1項）。

　0歳から小学校就学前までの乳幼児が対象となり，**児童福祉施設**[13]最低基準では，原則的な保育時間は1日8時間とされています。

　保育所には，都道府県の条例で定められた基準を満たし，都道府県知事の認可を得て設置された認可保育所のほか，認可を受けていない認可外（または無認可）保育所もあります。認可外とはいえ，設置には基準が設けられ，事業の開始には都道府県知事への届出が必要ですし，都道府県知事の指導・監督を受けます（児福59条・59条の2）。

　(3)　**認定こども園**　　**認定こども園**には，①幼稚園と保育所の両方の機能を備える単一施設（幼保連携型），②認可幼稚園が，教育時間終了後も保育を行

notes ──────────────────────────────────●

[12]　さらに，保育を必要とする乳幼児に対する，認定こども園または家庭的保育事業等（⇒**16**）の確保措置も市町村の義務です（児福24条2項）。

[13]　国，地方公共団体その他の者が法令に基づいて設置する，児童および妊産婦の福祉に関する事業を担う施設のことです。助産施設，乳児院，母子生活支援施設，保育所，幼保連携型認定こども園，児童厚生施設，児童養護施設，障害児入所施設，児童発達支援センター，児童心理治療施設，児童自立支援施設，児童家庭支援センターをいいます（児福7条）。

い，保育所的な機能を備えるタイプ（幼稚園型），③認可保育所が，保育を必要としない子どもも受け入れ，幼稚園的な機能を備えるタイプ（保育所型），④幼稚園と保育所いずれの認可もない地域の教育・保育施設が，認定こども園としての機能を果たすタイプ（地方裁量型）の４つの類型があります。共通するのは，すでにある幼稚園と保育所を，保育所が持つ保育の機能と幼稚園の幼児教育体制を兼ね備えた施設にする点です。また，2015（平成27）年から，①幼保連携型認定こども園は，学校教育と保育を一体的に提供する単一の施設とされ，基準や認可手続，指導・監督等が一本化されています（これまでは，幼稚園・保育所それぞれの法体系に基づき認可や指導・監督が行われていました）。

## ▌どうしたら給付を受けられるの？

(1) **認定区分**　　まず，保護者が市町村に給付認定を申請します。子ども・子育て支援法19条１項１号から３号は，教育・保育を利用する子どもについて３つの認定区分（１号認定から３号認定）を設けており，認定区分に応じて施設等の利用先や給付の内容が決まります（⇒図表6-6）。

(2) **保育所の利用手続**　　市町村から認定を受けた保護者（給付認定保護者）は，区分に応じて教育・保育施設や後述する地域型保育給付の対象となる事業者を選択してサービスを受けます。保育所の場合，２号または３号認定を受けなければなりません。そのためには，子どもの保護者のいずれもが，就労，疾

図表6-6 ▌施設型給付等の支援を受ける子どもの認定区分

| 認定区分 | 給付の内容 | 給付を受ける施設・事業 |
|---|---|---|
| 満３歳以上の小学校就学前の子どもで，２号認定に該当しない子ども（１号認定子ども） | 教育標準時間 | 幼稚園 |
| | | 認定こども園 |
| 満３歳以上小学校就学前で，家庭において必要な保育を受けるのが困難な子ども（２号認定子ども） | 保育短時間または保育標準時間 | 保育所 |
| | | 認定こども園 |
| 満３歳未満で，家庭において必要な保育を受けるのが困難な子ども（３号認定子ども） | 保育短時間または保育標準時間 | 保育所 |
| | | 認定こども園 |
| | | 地域型保育 |

出典：内閣府子ども・子育て本部「子ども・子育て支援新制度について（令和４年７月）」7頁を一部修正

病・障害，求職等のいずれかの事由に該当する必要があります（子ども・子育て支援法施行規則1条の5）。

保育必要量は2つに区分されます。「保育標準時間」は両親がともにフルタイムで働いていることを想定した利用時間で，利用時間が1日11時間を超えると延長保育となります。「保育短時間」は両親のどちらかがパートタイムで働いていることを想定した利用時間で，利用時間が1日8時間を超えると延長保育となります。延長保育には，別途延長保育料が必要です。

さらに，ひとり親家庭や生活保護受給世帯等は，保育の優先利用が必要と判断される場合があります。

給付認定保護者が希望する保育所を申し込み，市町村が，保育の必要な事由・保育必要量・優先利用事項等に基づいて利用調整を行ったうえで（児福24条3項・附則73条1項），保護者と保育所が契約を締結します。保護者は利用者負担（保育料）を保育所に支払い，市町村は保育所に施設型給付（次で説明します）を支払います[14]。

市町村は，優先的な保育の必要性が認められる児童の保護者に保育所等の利用の申込みの勧奨や支援を行い（児福24条4項），これらによっても保育が利用できないなど，やむをえない事由がある乳幼児に，保育所等への入所措置をとることができます（同条6項）。

---

**Column 6-3 ● 公立保育所の民営化**

地方の行政・財政改革のため，公立保育所を廃止する条例を制定したうえで，保育所を民営化する動きが各市町村でみられています。しかし，民営化に伴う児童への影響（保育の質や環境の変化）を心配する保護者が，民営化に反対し，法的には「条例の制定」という処分の取消しを求める訴訟を提起するケースがみられます。

最高裁（最判平成21・11・26民集63巻9号2124頁［百選96]）は，特定の保育所で保育を受けている児童と保護者は保育の実施期間満了まで当該保育所で保育を受けることを期待しうる法的地位があると判断しました。そして，

---

notes ─────────────────────────────────────────────────●

[14] ただし，私立保育所の場合は市町村と保護者との契約となり，保護者は保育料を市町村に支払います。そして，市町村は保育所に委託費を支払います（子育て支援附則6条）。

保育所の廃止条例の施行により，そのような法的地位が奪われるため，特定の保育所を廃止する条例を制定する行為は行政処分にあたる（抗告訴訟[15]で争うことができる）としています。では，そのような条例が違法かどうかですが，この事件では判決の時点で児童がすべて卒園しており，訴えの利益は失われたとして違法性自体は判断されていません（児童と保護者は敗訴しました）。

## 給付の内容

(1) **施設型給付**　　**施設型給付**は，市町村が，給付認定保護者に対し，教育・保育施設の利用にかかる費用（施設型給付費）を支給するものです（子育て支援27条）。「給付費の額＝公定価格−利用者負担」となります。公定価格は，地域，利用定員，認定区分，子どもの年齢，保育の必要量等により決まります。利用者負担（保育料）は，2019（令和元）年10月から，3歳から5歳のすべての子どもの幼稚園，保育所，認定こども園の保育料が無償化されました。0歳から2歳の子どもは，市町村民税非課税世帯のみ無償化され，それ以外の世帯では，国が定める基準を上限額として，それぞれの市町村が決定します（保護者の所得に応じて定まる応能負担です。多子世帯やひとり親世帯等には，負担軽減があります）。また，認可外保育施設・サービスも，「保育の必要性の認定」を受けた利用者は，保育料の上限額を設けて無償化されています。

本来，施設型給付費は給付認定保護者に対して支給されますが，実際は，給付費が確実に保育のための費用に使われるようにするため，利用施設・事業者が施設型給付費を市町村に対して請求し，受領する仕組みとなっています（**法定代理受領**）。

(2) **地域型保育給付**　　**地域型保育給付**は，市町村が，給付認定保護者に対し，保育を必要とする満3歳未満の乳幼児（保育体制の整備状況等の地域の事情によっては満3歳以上の幼児も含まれます）に保育を行う，**家庭的保育事業等**[16]を利用する場合に給付を行うものです（子育て支援29条）。

―――――――――――――――――――――――――――――――――――― notes

[15] 行政庁の公権力の行使（行政処分など）に不服があって起こす訴訟をいいます（行訴3条1項）。
[16] ①5人以下の乳幼児を家庭的保育者（市町村長が実施する研修を修了した保育士，または，保育士資格を保有していない場合は保育士と同等以上の知識および経験を有すると市町村長が認める者）の居宅等

地域型保育給付により，小規模・機動的・多様な保育が財政支援の対象となります。

**6-3**　　　　　　　　　　　　　　　　　　　**RESEARCH**

地域の実情に応じた多様な子ども・子育て支援を充実させるため，子ども・子育て支援法では，市町村は「地域子ども・子育て支援事業」を行うことも定められています（59条）。全部で13の事業がありますが，どのような事業があるのか，また，自分が住んでいる市町村ではどのような支援が提供されているのか，調べてみましょう。

## 3　特別な配慮を要する児童・家庭に対する福祉サービス ────●

子どもの健全育成のためには，親の監護を十分に受けられない事情を抱える子どもや，障害児やその保護者，ひとり親家庭に対する支援も重要です。

### ┃ 要保護児童・児童虐待 ┃

(1)　**要保護児童**　　**要保護児童** [17] を発見した人は，市町村，福祉事務所，もしくは児童相談所に通告しなければなりません（児福25条）。そして，市町村，都道府県福祉事務所の長，児童相談所長が必要に応じてとるべき措置も定められています（25条の7以下）。

都道府県は，要保護児童の在宅での援助が難しいと判断した場合には，**里親** [18] に委託したり，一部の児童福祉施設に入所させたりすることができます（児福27条1項3号。もっとも，これらの措置をとる権限は児童相談所長に委任されていることが多いです〔32条1項〕）。これらは，要保護児童を親から引き離す措置なので，原則として親権者または未成年後見人の同意が必要ですが（27

**notes** ────────────────────────────────────────●

で保育する「家庭的保育」，②6人以上19人以下の乳幼児を施設で保育する「小規模保育」，③乳幼児の居宅で家庭的保育者が保育を行う「居宅訪問型保育」，④従業員や地域の乳幼児を施設で保育する「事業所内保育」の4つの事業のことです（児福6条の3第9項以下）。
[17]　保護者のない児童または保護者に監護させることが不適当であると認められる児童のことです（児福6条の3第8項）。
[18]　要保護児童等に，温かい愛情と正しい理解を持った家庭環境での養育を提供する制度のことで，①養育里親，②専門里親，③養子縁組を希望する里親，④親族里親の4種類があります。

条4項），同意がなくても，家庭裁判所の承認を得てとることができます（28条1項）。

　また，児童相談所長は，児童の安全確保のため，児童を保護者から引き離す一時保護を行うことができます。これについて，2022（令和4）年の法改正で，親権者等の同意なく一時保護を行う場合には裁判所が保護の要否を判断する司法審査が導入されました（児福33条。施行は改正法の公布から3年以内です）。

　**(2)　児童虐待に対する法的対応**　　児童虐待に対しては児童福祉法が対応しているほか（要保護児童には，虐待を受けた児童が含まれます），児童虐待防止法が法的規制を強化しています。児童虐待防止法は，**児童虐待**[19]を受けた（あるいは虐待が疑われる）児童を発見した人は，速やかに，市町村，福祉事務所，もしくは児童相談所に通告しなければならないと定めています（6条1項）。通告を受けた機関は，近隣住民，学校の教職員，児童福祉施設の職員等と協力しつつ，当該児童の安全確認措置や児童相談所への送致，児童の一時保護を行います（8条）。また，都道府県知事や児童相談所長には，児童虐待を行った保護者に再発防止指導を行う努力義務があります（11条）。

　他方で，民法には，児童虐待があったとき，子どもの親族などが家庭裁判所に請求して親権を失わせる**親権喪失**という制度があります（834条）。しかし，親権喪失は親権を無期限に失わせるものであることから，親権喪失の申立てはほとんど行われていないため，一時的に（最長2年）親権を制限できる**親権停止**の制度もあります（834条の2）。なお，児童相談所長も親権喪失や親権停止の審判の請求を行うことができます（児福33条の7）。

---

**Column6-4 ● ヤングケアラー**

　近年，ヤングケアラーという言葉を耳にします。法令上の定義はありませんが，一般に「本来大人が担うと想定されている家事や家族の世話などを日常的に行っている子ども」とされています。たとえば，家族に代わり，買い物・料

---

**notes**

[19]　保護者による監護児童（18歳未満の者）に対する，①身体的虐待，②性的虐待，③ネグレクト（養育放棄），④心理的虐待をいいます（児童虐待2条）。なお，2019（令和元）年の法改正により，親権者は児童のしつけに際し，また，児童相談所長や児童福祉施設の長等は必要な措置をとることができる児童に対し，それぞれ体罰を加えることはできないことが明文化されました（児童虐待14条，児福33条の2・47条）。

理・掃除・洗濯などをしたり，幼いきょうだいの世話をする子どもです。これにより自分の時間がとれず，学業・就職・友人関係等に影響がでることが問題視されています。

　ヤングケアラーの相談先として，児童相談所等が相談窓口・相談ダイヤルを設置しているほか，（元）当事者の交流会や家族会もあります。また，ヤングケアラーの支援体制の構築・強化を行う地方自治体に対して，財政支援が行われています（ヤングケアラー支援体制強化事業）。

## ▌障害児▐

　児童福祉法は，**障害児** [20] に対する支援として，障害児に対する通所サービス，入所サービス，相談支援に要した費用につき，障害児の保護者に一定の給付費を支給することを定めています（21条の5の2以下・24条の2以下・24条の25以下）。また，障害児に対する居宅介護（障害児の居宅で，入浴，排せつ，食事の介護や，洗濯や掃除の家事援助等を行う）は障害者総合支援法により給付が行われます（⇒③**2**）。

## ▌ひとり親家庭▐

　ひとり親家庭に対する支援は，母子家庭を中心に行われてきましたが，近年では父子家庭にも拡大されています。母子及び父子並びに寡婦福祉法は，ひとり親家庭（2014〔平成26〕年の法改正で父子家庭が対象に加えられました）や寡婦 [21] に対する日常生活，就業，経済生活の支援を定めています。

| 6-4 | RESEARCH |
|---|---|

　母性や乳幼児の健康に関する母子保健法の内容や，非行児童や少年犯罪に関する児童福祉法上の対応および少年法の内容についても調べてみましょう。

---

notes ────────────────────────────────────────────────

[20]　児童福祉法では，「障害児」とは，身体障害，知的障害，精神障害のある児童または難病等（⇒③**1**）で一定の障害のある児童とされています（児福4条2項）。
[21]　配偶者のない女子で，かつて配偶者のない女子として民法877条の規定により児童を扶養していたことのある人です（母子及び父子並びに寡婦福祉法6条4項）。

6-5 **RESEARCH**

子どもや若者に関する施策は，これまで様々な府省庁がそれぞれの所掌に応じて行ってきましたが，組織や権限が分かれていることから生じる弊害がありました。この弊害を是正するため，2023（令和5）年にこども家庭庁が設置されます。こども家庭庁がどのような事務を所掌するのか調べてみましょう。

## 5 社会手当
## ―事前の金銭負担を必要としない金銭給付には，どんなものがあるの？

社会手当（その特徴は⇒ 1 **1**）として，日本では，児童手当法に定める児童手当，児童扶養手当法に定める児童扶養手当，特別児童扶養手当法に定める3つの手当があります。

### 児童手当

**児童手当**は，家庭生活の安定や児童の健全育成の支援を目的に児童の養育者に支給されます。中学校修了前の児童に対し，第1子から支給されます（児手4条)。

支給額は児童の年齢により異なり，①3歳未満は1万5000円，②3歳から小学校修了までは，第1子，第2子が1万円，第3子以降は1万5000円，③中学生は1万円が支給されます（いずれも1人あたりの月額)。また，所得制限があり，主たる生計維持者の所得が一定額（扶養親族等の数が増えるほど高くなります）を超えると支給されません（限度額以上の場合，特例給付〔児童1人あたり月額5000円〕が支給されますが，2022〔令和4〕年10月支給分から特例給付にも所得上限額〔扶養親族等の数が増えるほど高くなります〕が設けられ，この額を超えると特例給付も支給対象外となります)。

児童手当の財源は，国・地方（都道府県，市区町村）・事業主が負担します（児手18条以下)。このうち，事業主の負担額は，各被用者の厚生年金保険法の標準報酬月額および標準賞与額（⇒**CHAP. 2** ③ **2**）を基準として，拠出金率

（2022〔令和4〕年度で3.6/1000）を乗じて得た額の総額です。

## 児童扶養手当

**児童扶養手当**は，ひとり親家庭の生活の安定を支援するための手当です（婚外子も支給対象となります）。以前は母子家庭だけでしたが，現在は父子家庭にも支給されます（児扶手4条）。

支給額は，月額4万3070円（2022〔令和4〕年4月以降）ですが，所得制限があり，受給資格者の前年の所得（受け取った養育費も含まれます）が一定額（扶養親族等の数により異なります）を超えると手当の全部または一部が支給されません。また，子どもが2人以上いる場合は手当が加算されます。なお，月額・加算額とも「全国消費者物価指数」にあわせて変動します（物価スライド制）。受給資格者が障害基礎年金も受給できる場合は，障害基礎年金が優先的に支給されます。そして，児童扶養手当の月額が「障害基礎年金のうち子の加算部分の月額」を上回る場合に，差額分が児童扶養手当として支給されます（⇒**CHAP.2⑤5**）。

ただし，離婚等による生活の激変を緩和し，ひとり親家庭の自立を促進するという趣旨から，児童扶養手当の受給開始から5年を経過した場合，または手当の支給要件の該当日から7年を経過した場合は，最大で手当の額の2分の1の支給が停止されます（児扶手13条の3）。なお，受給者が働いている場合や求職活動をしている場合，受給者やその児童等の障害・傷病等により働くことができない場合には，この支給停止措置は行われません。

児童扶養手当の財源は，国が3分の1，支給主体（都道府県，市または福祉事務所設置町村）が3分の2を負担します（児扶手21条）。

## 特別児童扶養手当等

特別児童扶養手当法は，障害を有する児童や重度障害者の福祉の増進を図ることを目的に，①障害児[22]を家庭で監護，養育している父母等に**特別児童扶養**

notes —————————————————————————————————————————————————

[22] 特別児童扶養手当法では，「障害児」とは，20歳未満で同法に定める障害等級1級および2級に該当する者とされています（2条1項・5項）。

手当（3条），②障害児のうち重度の障害を有し，日常生活において常時の介護を必要とする人に**障害児福祉手当**（17条），③20歳以上で精神または身体に著しく重度の障害を有し，日常生活において常時特別の介護を必要とする人に**特別障害者手当**（26条の2）を支給しています。いずれも障害児・障害者が在宅生活をしている場合に支給され，施設に入所している場合には支給されません。

2022（令和4）年4月以降の支給月額は，①の1級が5万2400円，2級が3万4900円，②が1万4850円，③が2万7300円です（物価スライド制がとられています）。いずれの手当も所得制限があり，受給者もしくはその配偶者または扶養義務者の前年の所得が一定額（扶養親族等の数により異なります）以上であるときは支給されません。

財源は，①が全額国庫負担，②・③は国が4分の3，支給主体（都道府県，市または福祉事務所設置町村）が4分の1を負担します（特別児童扶養手当法25条・26条の5）。

---

## CHECK

- □ 1 社会福祉・社会手当は，社会保険や公的扶助とはどのような点が異なりますか。
- □ 2 措置方式ではどのように給付が支給されますか。また，どのような問題点がありますか。
- □ 3 高齢者・障害者・児童に対する社会福祉サービスにおいて，それぞれ市町村・利用者・事業者の関係はどのようになっていますか。
- □ 4 社会福祉サービスの担い手として，国および地方公共団体以外にどのような組織・機関があり，それぞれどのような特徴がありますか。
- □ 5 老人福祉法はどのような高齢者を対象に，どのようなサービスを提供していますか。また，介護保険から行われるサービスとはどのような点が違いますか。
- □ 6 障害者総合支援法は，障害者に対しどのようなサービスを提供していますか。また，介護給付を受ける手続，受けられるサービスの量，利用者負担はどのようになっていますか。
- □ 7 子ども・子育て支援法は，子育て世帯に対しどのような給付を行っていま

すか。また，同法による支援の対象となる教育・保育施設にはどのようなものがありますか。それぞれの施設はどのような点に特徴がありますか。

□ 8　要保護児童・障害児・ひとり親家庭に対するサービスには，どのようなものがありますか。

□ 9　社会手当にはどのようなものがあり，それぞれの支給要件はどうなっていますか。

# 第二のセーフティネット

これまで社会保険制度や社会福祉制度を学んできました。社会保険制度は，基本的に働いている，または，働いていた人やその人に扶養されている家族に対して給付を行う制度です。また，社会福祉制度は，高齢者や障害者や児童など，身体上，精神上，あるいは家庭上の理由で，日常生活を営んでいくのに何らかの支障がある人たちのための制度です。それでは，失業して雇用保険の給付を受けていたけれども，受給期間中に再就職先をみつけることができなかったり，失業したけれども雇用保険の給付の要件を満たさず給付を受けられなかった人々，また，まだ生活保護の受給には至らないけれども，このままいくと生計を営むことが困難になってしまうおそれがある人に対しては，どのような制度が用意されているのでしょうか。本章では，このように将来的に生活に困窮するおそれがある人や，生活保護を受給するほどではないけれども生活に困窮している人に対する生活支援の制度について取り上げます。

# 1 制度の目的
—どうして第二のセーフティネットが必要なの？

**CHAPTER 4** で学んだ雇用保険制度は，一定の被保険者期間のある労働者が失業した場合に，その者の所得を保障する制度です。しかし，バブル経済崩壊以降，仕事に就いていないのに，雇用保険制度による保護を受けられない人も増えてきました。たとえば，雇用保険の被保険者資格を得られない働き方をしている非正規労働者（1 週間の所定労働時間が 20 時間未満の労働者や 31 日以上継続して雇用される見込みのない労働者）で職を失ってしまった人や，学校卒業後，就職できなかった人たちなどです。また，主に中高年の人の場合，いったん離職すると再就職が難しく，雇用保険の受給期間が過ぎてしまった後は収入が得られない人もいます。そのような人々に対する施策は，以前は十分に用意されておらず，そのような人々が最終的に独力で生活を営むことができなくなってしまったときには，生活保護を受給するしかありませんでした。しかし，生活保護は受給要件が厳しく，またいったん受給に陥ると自立が難しいという現状もありますので，生活保護を受給せざるをえない状況に至る前に，何らかの支援を行う必要性が高まってきました。

このような状況から，近年，社会保険による保護と生活保護による保護の間の新たな生活支援制度が整備されつつあります。これらの制度は，社会保険制度を第一のセーフティネット，生活保護制度を最後のセーフティネットと考えて，この 2 つのセーフティネットを補完する仕組みですので，総称して**第二のセーフティネット**といわれます。

# 2 第二のセーフティネットとしての諸制度
—どんな制度があるの？

日本で第二のセーフティネットが注目され始めたのは，2008（平成 20）年秋のリーマン・ショックを契機に発生した世界的な金融危機の影響等による雇用情勢の悪化のためです。このとき派遣労働者や契約社員などの非正規労働者が

解雇や雇止めによって社員寮などから退去を余儀なくされ，仕事と同時に住居を失い生活の基盤をなくしてしまうといったことが社会問題化しました。その後も厳しい雇用情勢が続き，非正規労働者や長期失業者が増加するなかで，求職者に対するセーフティネットを整備し，その早期の就職を支援することが求められてきたのです。

こうした状況のなかで，2008年末以降，雇用保険の給付を受給できない人々に対してさまざまな支援施策が行われてきました。たとえば，無料の職業訓練や訓練期間中の生活給付を行う「緊急人材育成支援事業」や，住宅を喪失した，または喪失するおそれのある離職者に対して賃貸住宅の家賃を給付する「住宅手当」などです。その多くは，リーマン・ショックによる雇用情勢の悪化に対応するための期間限定の施策でしたが，そのなかで緊急人材育成支援事業については，それに代わる恒久的な制度として，2011（平成23）年10月から求職者支援制度が実施されています。

他方で，雇用情勢の悪化に伴い生活保護の受給者も増加してきました。とりわけ，就労可能な現役世代（65歳未満）の人の受給者数も増えており，このような人に対して生活保護に陥る前に，自立促進を図るための支援を実施することを目的として，2015（平成27）年4月に生活困窮者自立支援法が施行されました（なお，生活困窮者自立支援法の制定と同時に，生活保護法の改正も行われ，生活保護の受給者についても自立促進がより図られるようになっています⇒CHRP.8）。

さらに近年では，新型コロナウイルス感染症の流行の影響により仕事を失うなどした結果，生活に困窮するようになった人も増加しました。その結果，生活困窮者自立支援法に基づく各事業の利用者も増えています。

以下では，第二のセーフティネットとしての役割・機能を果たしているこれら2つの制度について取り上げます。

# 3 求職者支援制度
## ―雇用保険の対象とならない人には, どんな支援が必要？

## 1 求職者支援制度の目的

派遣などの非正規雇用で働いていて, 雇用保険の被保険者（⇒**CHAP. 4②②**）でなかった人は, 失業しても雇用保険の給付を受けることができません。このような人の支援をするための制度が**求職者支援制度**で, 雇用保険の給付を受給できない求職者のために**職業訓練**をしたり, 職業訓練期間中の所得を補助するために**職業訓練受講給付金**を支給しています。その内容は「職業訓練の実施等による特定求職者の就職の支援に関する法律」（求職者支援法）に規定されています。

## 2 求職者支援制度の対象者――特定求職者

求職者支援制度の対象は, **特定求職者**です。特定求職者とは, 公共職業安定所（ハローワーク）に求職の申込みをしていて, 労働の意思と能力があり, ハローワークの所長に職業訓練などの必要があると認められた人です（求職者支援2条）。ただし, 雇用保険の給付を受けている人は特定求職者から除外されています（同条）。

## 3 職業訓練受講給付金

### ┃職業訓練受講給付金とは┃

求職者支援制度は, 特定求職者が, 職業能力を高めるために職業訓練を受けることを前提とした制度です。訓練はいろいろなコースがあり, 専門学校などで行われます。どのような職業訓練を受けるかは, 特定求職者の職業能力や希望などを考慮して, ハローワークの所長が指示します。この職業訓練期間中の

所得を保障するために給付されるのが，職業訓練受講給付金です。

## ▌受給要件 ▌

　職業訓練受講給付金を受給するためには，まずハローワークの所長の指示する職業訓練（厚生労働大臣が認定する求職者支援訓練など）を受ける必要があります（8割以上の出席率が求められます）が，それ以外にも要件があります。まず，訓練を受ける特定求職者に収入がないことです。それから，その特定求職者の世帯全体の収入と持っている金融資産が一定以下である必要もあります。また，住んでいる土地や建物のほかに，土地や建物を持っていないことも要件です。つまり，職業訓練受講給付金は，職業訓練を受けている間，収入が少なくて生活が厳しくなってしまう人やその家族の生活を支援する制度なので，生活するための収入がある人には支給されないのです。

## ▌給付内容 ▌

　職業訓練受講給付金には，職業訓練受講手当，通所手当および寄宿手当があります。職業訓練受講手当の額は月10万円，給付期間は職業訓練を受講している期間で，求職者支援訓練の場合，その期間は原則として2か月から6か月です。通所手当は職業訓練を行う場所に通うために交通費が必要な場合に支給されます。

　また，職業訓練をするために家族と別居する場合は，寄宿手当（月1万700円）が支給されます。これらを受給するためには，職業訓練が始まってから，1か月ごとにハローワークに出頭して，受給の申請をする必要があります。

#  生活困窮者自立支援制度
## —生活困窮者には，どんな支援が必要？

## 1　生活困窮者自立支援制度の目的 ────────●

　前述のように，近年，特に2008（平成20）年のリーマン・ショックの影響以降，仕事がなくなったりして生活に困窮する人たちが増えてきたり，学校を

卒業しても就職できず，そのまま引きこもりなどになってしまい，なかなかそこから抜け出せない若年者も増えています。

そのようななかで，生活保護に至る前に，自立に向けた適切な支援を行うための制度が，**生活困窮者自立支援制度**で，2015（平成 27）年 4 月から実施されています。

## 2　生活困窮者自立支援制度の全体像 ─────────────●

### ▌事業の実施主体▐

この制度について規定している生活困窮者自立支援法は，生活困窮者をさまざまな形で支援する事業の枠組みを設定しています。これらの事業を行うのは，生活保護の実施主体と同じで，都道府県と市と町村です。都道府県は福祉事務所（⇒**CHAP. 8**）を設置していない町村で事業を行い，市と福祉事務所を設置している町村はそれぞれの市町村で事業を行います。

このように生活困窮者を支援するための事業の実施をする責任は都道府県や市町村などの自治体にありますが，事業の実施は外部の機関に委託することができるので，実際に多くの自治体では社会福祉協議会（⇒**CHAP. 6 3**）などに委託して実施しています。

### ▌生活困窮者▐

生活困窮者自立支援制度が支援をすることを想定している対象は**生活困窮者**です。生活困窮者とは，就労の状況，心身の状況，地域社会との関係性などの事情により，現に経済的に困窮し，最低限度の生活を維持することができなくなるおそれのある者とされています（生活困窮支援 3 条 1 項）。つまり，生活保護の受給要件を満たすほどには困窮していないけれども，そのままにしておくといずれは生活保護に陥ってしまう可能性の高い人です。たとえば，失業し，再就職するのも難しい状況で，預貯金を取り崩して生活をしている人は，いずれ預貯金が尽きたときには生活保護の受給の可能性が高いので，このような人が生活困窮者自立支援制度の支援の対象になります。

## 3 生活困窮者自立支援制度による事業 ————————●

　生活困窮者自立支援制度で実施される事業は，大きく２つに分けることができます。すなわち，実施主体である都道府県や市町村（以下「自治体」といいます）が実施しなければならない必須事業と，その実施が自治体の判断にゆだねられている任意事業です。

　必須事業には，生活困窮者自立相談支援事業と生活困窮者住居確保給付金があり，任意事業には，生活困窮者就労準備支援事業，生活困窮者家計改善支援事業，生活困窮者一時生活支援事業，子どもの学習・生活支援事業などがあります。

### ▎必須事業

　(1) **生活困窮者自立相談支援事業**　　生活困窮者自立支援制度で実施される事業の１つの柱が，生活困窮者自立相談支援事業です。これは，生活困窮者やその家族などからの，就労や生活上の困難についての相談に応じて，情報の提供や助言を行ったり，生活困窮者に対して就労するための訓練事業の利用をあっせんしたり，生活困窮者の自立を図るための計画を作ったりする事業です。

　(2) **生活困窮者住居確保給付金**　　生活困窮者住居確保給付金とは，失業などで経済的に困窮しており，また，住むところもないという人が，就職をするために住む場所を確保する必要がある場合に支給されるものです。

### ▎任意事業

　任意事業は，それぞれの自治体の生活困窮者の状況にあわせて，自治体の判断で行うことができる事業で，次のようなものがあります。ただし，このうち，生活困窮者就労準備支援事業と生活困窮者家計改善支援事業の実施は，自治体の努力義務とされています。

- **生活困窮者就労準備支援事業**：職業能力が低いなどの理由で就職することが難しい生活困窮者に対し，就労するための知識を身につけたり，職業能力を向上させるために，訓練を行う事業
- **生活困窮者家計改善支援事業**：生活困窮者に対し，収入や支出などの家計の

状況を適切に把握したり，家計の改善の意欲を高めることを支援することや，生活に必要な資金の貸付けのあっせんをする事業

・ **生活困窮者一時生活支援事業**：①住むところがない生活困窮者に対して，一定の期間，宿泊施設などの生活する場所を提供する事業，②現在の住居を失うおそれがあり，地域社会から孤立している生活困窮者に対し，訪問して必要な情報の提供や助言をする事業

・ **子どもの学習・生活支援事業**：①生活困窮者である子どもに対し，学習の援助を行う事業，②生活困窮者である子どもや保護者に対し，子どもの生活習慣や育成環境の改善について助言をする事業，③生活困窮者である子どもの進路の選択，教育や就労に関する問題について，子どもや保護者からの相談に応じ，必要な情報の提供や助言をしたり，関係機関との連絡調整を行う事業

・ **そのほかの事業**：上記のほかに，自治体が任意で行う事業

## 4　費用負担

　生活困窮者自立支援制度の事業にかかる費用は，国と事業を実施する自治体が負担します。負担割合は事業によって異なっていて，国が負担する割合で言いますと，必須事業（生活困窮者自立相談支援事業と生活困窮者住居確保給付金）については4分の3，任意事業のうち生活困窮者就労準備支援事業は3分の2，生活困窮者家計改善支援事業については2分の1から3分の2，生活困窮者一時生活支援事業については3分の2，子どもの学習・生活支援事業とそのほかの任意事業については2分の1となっています。

---

**CHECK**

- □ 1　第二のセーフティネットとはどのような意味でしょうか。
- □ 2　求職者支援制度の目的は何でしょうか。
- □ 3　求職者支援制度の対象者である特定求職者とはどのような人でしょうか。
- □ 4　職業訓練受講給付金とはどのような制度でしょうか。

□ 5　生活困窮者自立支援制度の目的は何でしょうか。

□ 6　生活困窮者自立支援制度で都道府県，市，福祉事務所を設置する町村が実施する必須事業には何があるでしょうか。

□ 7　生活困窮者住居確保給付金とは何でしょうか。

# 生活保護

　今までいろいろな社会保障に関する仕組みを勉強しましたが、これらの仕組みではどうにもならず、明日食べるパンもなく困ってしまった場合にはどうすればよいでしょうか。たとえば就職先はいわゆるブラック企業で身も心もすり減ってメンタル不調で退社、退社直後は、再就職先をみつけようとがんばったもののうまくいかず、メンタルは悪化して引きこもりになる一方、貯金も底をつき、頼れる親戚や友人もいなければどうすればよいでしょうか。このような場合のために、日本では、最後のセーフティネットとして公的扶助である生活保護制度が用意されています。

　この章では、生活保護法の目的を確認したうえで（⇒1）、どのような仕組みなのかを概観し（⇒2）、給付を得るにはどのような手続を経て（⇒3）、どのような種類・内容の給付を得ることができるのか（⇒4）、保護が実施されるとどうなるのか（⇒5）、保護はずっと受けられるのか（⇒6）、生活保護の実施に関して不服がある場合にはどう争えばいいか（⇒7）、さらには制度全般の財政基盤はどうなっているか（⇒8）をみていきます。

# 1 制度の目的 —どうして生活保護は必要なの？

　憲法25条1項は「すべて国民は，健康で文化的な最低限度の生活を営む権利を有する」と定め，「生存権」を保障しています（**生存権保障の原理**）。貧しくてお金がなくて食べ物にも困ると，健康で文化的な最低限度の生活を営むことは難しくなり，生存権が侵害されるかもしれません。憲法25条違反の状態が生じないように，国は生活保護法という法律を制定して，最低限度の生活を保障しています（**最低生活保障の原理**）。国の責任のもとで生活保護の仕組みは出来上がっています。生活保護を受給することに対しては「恥ずかしい」とか「みじめ」といったネガティブな感情を抱くことがあるかもしれません（これを「スティグマ」ということがあります）が，憲法で保障された生存権の行使ですので，そのような感情を抱く必要はありません。

　こうして生活保護法の第1の目的は「最低限度の生活の保障」です。第2の目的は，「自立を助長すること」です。自立とは経済的な自立だけではなく，人格的な自立も意味します。そのため，その人が持っている可能性を見いだして引きのばし，その人らしく社会生活を送ることができるように生活の再建をサポートすることも生活保護法は目指しています。

## 考えてみよう 8-1

　生活保護は貧困になる場合を対象にしますが，貧困とはどのようなものでしょうか。絶対的貧困や相対的貧困というキーワードをもとに，貧困の概念について調べてみましょう。また，2013（平成25）年には，子どもの貧困を解消し，次世代への貧困の連鎖を防止する目的で，子どもの貧困対策の推進に関する法律が制定されました。そこでは何が規定されているか調べてみましょう。

# 2 生活保護の仕組み —どんなときにもらえるの？

　生活保護は，おおまかにいえば，生活に困った家族に対して，客観的に決定される最低限度の生活にかかる費用（**最低生活費**といいます）と，実際にその

図表8-1 最低生活費と生活保護の受給

▶ 保護基準　　　　　　　　　　　最低生活費

▶ 保護を受けられる場合　　　収入(¥)　保護費

▶ 保護を受けられない場合　　　　収入(¥)

家族が得ている収入（**収入認定分**といいます）とを見比べて，収入認定分が最低生活費を下回る場合に，下回る分だけ保護を支給する仕組みです（⇒**図表8-1**）。何が足りなくて保護が必要となるかは家族の事情によってさまざまですので，生活保護の保護内容は家族のニーズに応じて変わる非定型給付という特徴があります。

## 1　最低限度の生活

　最低限度の生活は客観的に決まるといいましたが，実際にはどのように決まるでしょうか。最低限度の生活とは，時代や家族構成，住んでいる地域によって変わる**抽象的・相対的**な概念です。そこで，生活保護法は，最低限度の生活とは何かについて，厚生労働大臣が**保護基準**を定めることで具体化すると定めています（生活保護8条1項）。すなわち，厚生労働大臣が制定した保護基準の現行版をみれば，ある家族がある地域で生活するために必要なものは何か，つまり最低限度の生活とは何かを知ることができます。

### ┃ 保護基準とその改定 ┃

　この保護基準は，「最低限度の生活の需要を満たすに十分なものであつて，且つ，これをこえないもの」でなくてはなりません（生活保護8条2項）。つまり，需要より多すぎても少なすぎてもいけない，**必要十分**かつ**最小限**である必要があります。生きていくために必要な住居費や食費等は，住む場所によって，また，年齢や性別を含めた家族構成によっても変わりうるので，「要保護者の年齢別，性別，世帯構成別，所在地域別その他保護の種類に応じて必要な事

情」が考慮されて，保護基準は決定されます（同項）。

　そのため保護基準は，大臣が制定した当初は，最低限度の生活を送るのに必要十分，最小限であったとしても，時の流れによってそうではなくなる可能性があります。景気がよくなれば「不十分」となりますし，逆に不景気になれば「最小限」ではなくなります。時々の経済的・社会的条件や一般的な国民生活の状況等との相関関係によって最低限度の生活が何かは刻一刻と変わるため，それを具体化する保護基準は，時勢に応じて**改定**されることが重要です。大臣は時代の流れに敏感になって時々の最低限度の生活とは何かを問い続け，保護基準を常に改定する必要があるのです。現在では，改定前の保護基準の水準を妥当と考えたうえで，一般国民の生活水準の伸び（消費動向）にあわせて改定する**水準均衡方式**と呼ばれる方式によって改定されています。

---

**8-1**　　　　　　　　　　　　　　　　　　　　**RESEARCH**

　水準均衡方式は 1984（昭和 59）年に採用されましたが，それまではマーケット・バスケット方式やエンゲル方式，格差縮小方式という改定方式が採用されていました。それぞれどのような内容で，どのようなメリットやデメリットがあるかを調べてみましょう。

---

　大臣が定めた保護基準に従って，それぞれの家族にとっての具体的な最低生活費が割り出されます。収入認定分ではこの最低生活費に満たない場合，それを満たすために種々の給付が生活保護制度から支給されます。なかでも日常生活に必要な費用は**生活扶助**として支給されます。生活扶助の額を家族構成や住んでいる地域によってみてみると，**図表 8-2** のようになります。

図表 8-2 ┃ 生活扶助基準額の例（児童養育加算を含む。令和 4 年 4 月 1 日現在）

| 家族構成 | 1 級地―1<br>東京都 23 区 | 2 級地―1<br>愛知県豊橋市 | 3 級地―2<br>長野県阿南町 |
|---|---|---|---|
| 3 人家族<br>（33 歳♂，29 歳♀，4 歳♀） | 15 万 6990 円 | 14 万 7360 円 | 13 万 7860 円 |
| 高齢者夫婦世帯<br>（68 歳♂，65 歳♀） | 11 万 9920 円 | 11 万 2190 円 | 10 万 4790 円 |

## 「最低限度の生活」と裁判所

　では，大臣が定めた保護基準が憲法25条の規定する最低限度の生活を保障するに十分かどうか，つまり憲法25条違反がないかどうかは，裁判にて争うことができるでしょうか。争うことはできて，実際にそれが争われたのが，著名な**朝日訴訟**（最大判昭和42・5・24民集21巻5号1043頁［百選1］）です。結核の療養をしていた朝日さんは生活保護を受給していましたが，お兄さんから仕送りをもらえることになったので，その分，生活保護費が減額されました（保護変更決定）。減額されては最低限度の生活を営むことができなくなると主張して保護変更決定（正確にはそれに続く裁決）の取消しを求めた訴訟を提起しました。その訴訟のなかで，そもそも大臣が定めた保護基準は，健康で文化的な最低限度の生活を保障しているといえるのか，憲法が保障する健康で文化的な最低限度の生活とは何かが争われました。

　最高裁判決が出る前に朝日さんが亡くなったので，訴訟は当事者の死亡により終了しましたが，最高裁は生活保護を受けるのは単なる国の恩恵ないし社会政策の実施に伴う反射的利益ではなく，法的な権利であることを明確にしました。生存権違反の有無を裁判にて争うことができると明らかにした朝日訴訟は，生存権に関する重要判決と位置づけられています。

　では，裁判所は，大臣が定めた保護基準に対して自由に「これでは最低限度の生活を保障しているといえない」と判断できるのでしょうか。法律では，最低限度の生活とは何かを明らかにするのは大臣と定めています。そうすると大臣にそれを決める権利があり，裁判所としては大臣の判断を一定程度尊重しなければなりません。そう簡単に「大臣の定める保護基準では最低限度の生活を保障しているとはいえない」ということはできないのです。やや難しい言い方

をすると，大臣が保護基準を制定・改定するには，高度に専門技術的な考察と，それに基づく政策的な判断が必要となるので，大臣には専門技術的かつ政策的な見地からの**裁量権**[1]が認められています（最判平成 24・2・28 民集 66 巻 3 号 1240 頁［百選 3］参照）。裁判所としては，自ら考えた最低限度の生活と大臣が決めた保護基準の内容とを突き合わせて違っていたら違法であるとするのではなく，大臣には保護基準の制定・改定に裁量権があることを前提に，大臣が与えられた裁量権を逸脱・濫用してはいないかをチェックすることになります。裁量権の逸脱や濫用がある例外的な場合に初めて裁判所は保護基準の制定・改定を違法ということができます。今のところ，最高裁が違法とした保護基準の改定はありませんが，仮に保護基準の改定が違法になれば，違法な保護基準に基づくそれぞれの保護変更処分も違法になります。

　保護基準の改定を争った事件には老齢加算訴訟があります（前掲最判平成 24・2・28［百選 3］）。従来，高齢者には老齢加算というものが支給されていましたが，大臣は保護基準を改定してこの老齢加算を 2004（平成 16）年から 2006（平成 18）年にかけて減額・廃止しました。そこで，その当否が争われましたが，改定は違法ではないと判断されました（⇒おわりに）。また，2013（平成 25）年 4 月から保護基準が引き下げられ，それに伴って保護を減額する保護変更決定がなされました。そこで，この保護基準の改定の違法性を問う訴訟が全国各地で提起され，判決が出ているところです。

## 2　収入認定と補足性の原理

　では最低生活費と比較される収入認定分とは何でしょうか。まず，働いて得た賃金や家賃収入があれば，それらの収入（フロー）が対象になります。もっとも，働いて得た賃金の全額が収入認定されてしまうと，働いた分だけ生活保護の支給額が減ることになるので，就労意欲を阻害してしまうかもしれません。そこで，**勤労控除**の仕組みが設けられていて，得られる賃金の一定額について

notes

[1]　裁量権とは，ある判断をするにあたって，判断の幅が認められることをいいます。行政に与えられる裁量を行政裁量，立法府に与えられる裁量を立法裁量といいます。

は収入認定の対象から外されます（後述の就労自立給付金も参照⇒❺**3**）。次に，収入（フロー）以外にも，保有している資産（ストック。具体的には不動産や株式等）も収入認定の対象になります。公費を財源とする生活保護では，青天井で保護を認めるわけにはいきませんので，本当に保護が必要かを見極める調査を行います。資力を有しているか否かを調べる調査を**ミーンズ・テスト**（資力調査）といい，生活保護の特徴的な仕組みということができます。

## ┃「補足性の原理」とは ┃

ミーンズ・テストが行われるのは，生活保護の重要な原理である「**補足性の原理**」と関係があります[2]。すなわち，生活保護を受給するには，「利用し得る資産，能力その他あらゆるものを，その最低限度の生活の維持のために活用」したけれども足りないことが必要です（生活保護4条1項）。持っている資産は売り払ってその売却金でまずは生活する（**資産活用**），働けるのであれば働いて収入を得て生活する（**能力活用**），それでも最低限度の生活を維持できない場合にその不足分を補う形で初めて生活保護は支給されます。また，家族がいるなら家族に養ってもらうこと（**扶養優先**），年金や児童扶養手当などのその他の給付を受けられるのであればそれらを優先すること（**他法・他施策優先**）が求められています（同条2項）。

できるだけ自立して生活できるように，最低限度に足りない範囲でだけ保護を実施することを生活保護は目指しています。働ける人は働いて自活する一方，がんばってもさまざまな理由で最低限度の生活を営むことができない場合に生活保護は機能するのです。

補足性の原理は，保護を開始するか否かを決定する場面で重要な原理ですが，それだけではなく，生活保護の支給全般に関わる重要な原理ということができます。そのため，保護を受ける途中で収入が増えれば，その収入も収入認定の対象になって，保護の変更（減額）や停止，あるいは廃止につながる可能性があります（⇒❻参照）。

---
— notes

[2] 実務では，厚生労働省が発する行政通知（「通達」といいます）に沿って，補足性の原理が具体的に運用されています。通達の内容は必ずしも裁判所を拘束しないので，訴訟になれば裁判所は別途，解釈することができます。

補足性の原理はとても重要な原理なので，より詳しくみてみましょう。

(1) **資産活用**　資産とは，お金や不動産，株式，生活用品等を指しますが，それらは売り払って，その売却金を最低生活のために活用することが必要です。ただ，基本的に家族の人員，構成等から考えて利用する必要があって，保有を認めても地域の一般世帯との均衡を失することにはならないと認められるもの，具体的には，住んでいる地域で7割程度に普及している資産は，保有できると考えられています。そのため，冷蔵庫や洗濯機等は保有できます。

　一般世帯との均衡の点からすると処分してその売却金を活用すべきであったとしても，資産のなかには，現実に最低限度の生活を維持するために活用されていて，処分させるよりも保有を認めたほうが生活の維持および自立の助長に実効性があるものや，処分自体が著しく難しいもの，売却代金よりも売却に要する経費のほうが高いものがありますので，それらは例外的に処分しなくてもよいと考えられています。

　では家屋や自動車等は保有できるでしょうか。いくつか具体例をみてみましょう。まず，居住している家屋は原則保有できますが，処分価値が利用価値と比べて著しく大きい場合にはその限りではありません。次に自動車は本体価格もさることながら燃料や修理費等，維持費が高いことから原則として保有できません。公共交通機関の利用が著しく困難な場合や障害がある場合等，例外的な場合に限って，保有が認められます（大阪地判平成25・4・19判時2226号3頁［百選81］）。

　それでは預貯金はどうでしょうか。まず，保護開始時には，最低生活費の5割相当額まで保有できますが，それを超える部分は事前に生活に役立てて，使い切ることが必要です。それでは保護の開始後，保護費をやりくりしたことによってできた預貯金等は，収入として認定されるでしょうか。使用目的が生活

保護の趣旨目的に反しないと認められる場合（たとえば子どもの進学費の補助）には，やりくりによる預貯金等は活用すべき資産にあたらず，収入として認定されないと考えられています。

では，保護を申請する時点で民間保険（たとえば生命保険）に加入していて，解約すれば一定の返戻金がもらえる場合，解約して返戻金を活用する必要があるでしょうか。解約するのが原則ですが，返戻金が少額であり，かつ，保険料額が当該地域の一般世帯との均衡を失しない場合には解約不要です。もっとも，解約する必要はないとしても，解約していれば得られたはずの解約返戻金相当分については，資力がありながら保護を受けたと整理されるため，将来，保険金等を受領した時点で返還する必要があります（生活保護 63 条）。これに対して申請時の解約返戻金相当分を超える部分の保険金等は，保護費のやりくりによって生じた預貯金等と同様に収入認定の対象から外されます。

それでは，学資保険はどうでしょうか。子どもの高校進学や大学進学の際に受け取ることを目的に教育資金を積み立てる学資保険については，保護開始時の 1 世帯あたりの解約返戻金の額が 50 万円以下であれば，解約しなくてよいと考えられています（満期返戻金を資産にあたらないとした判決として最判平成 16・3・16 民集 58 巻 3 号 647 頁［百選 80］参照）。ただし，この場合も，保険金等を受領した際には，保護開始時の解約返戻金相当額を返還しなければなりません（生活保護 63 条）。

---

### 考えてみよう　　8-2

　ぜいたく品は認められませんが，一般世帯にも普及して均衡を失しない程度のもの，あるいは自立の助長に役立つものであれば保有できるというのが生活保護の基本的な考え方です。もっとも，何がぜいたく品かは，時の流れに応じて変わりえます。たとえば，テレビですが，戦後の貧しい社会ではぜいたく品でしたが，今では一般世帯に普及し，一部の高級テレビを除いてぜいたく品とはいえないでしょう。携帯電話も非常に普及し，就職活動にも役立つので，基本的に保有できると考えられています。

　となると，現在の社会では何がぜいたく品なのでしょうか。たとえば，エアコンや電動アシスト自転車，食器洗浄乾燥機，パソコン，タブレット端末等についてはどうでしょう。それ以外にも問題となりそうなものは何か，探してみましょう。

---

(2)　**能力活用（能力・意思・場）**　　能力の活用とは，平たくいえば，働いて

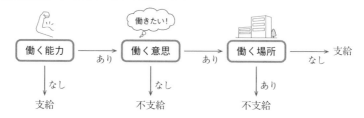

収入を得る能力（稼働能力）があるなら働いてその稼ぎで生活しましょうということです。そのため，働けるのに働かない場合には，保護が支給されない可能性があります。

では，稼働能力を活用しているといえるかはどのように判断されるでしょうか。基本的には稼働能力の有無を判断し，その点が否定されると，保護が実施される一方，肯定されると，次は稼働能力を活用する意思と場があるかが問題となります。そして，活用の意思はあるけれど場がない場合に，保護が実施されると考えられています（東京高判平成 24・7・18 賃社 1570 号 42 頁［百選 82］参照）（⇒図表 8-3）。

## 8-3 RESEARCH

最近では，稼働能力を有する人が生活保護を受給するケースが増えています。稼働能力活用要件とはどのように判断されるべきでしょうか。申請者の学歴や資格，職業経験や現在の心身の状態，成育歴等も考慮して個別具体的に判断すべきでしょうか。それとも，その地域の有効求人倍率という一般的な求人状況に基づいて抽象的に判断すべきでしょうか。いくつか裁判例（たとえば前掲東京高判平成 24・7・18［百選 82］や名古屋高判平成 9・8・8 判時 1653 号 71 頁等）を調べてみましょう。

## Column 8-1 ● 大学での勉強と能力活用

働ける人は働くということは，義務教育終了後は働かないといけないでしょうか。高校については義務教育ではないものの，行くことを認め働かなくてもよいと整理されています。この場合，高校進学に関する費用は生業扶助の形で生活保護から支給されます。これに対して，大学はどうでしょうか。大学に通いたくても諦めて働かないといけないでしょうか？ 確かに，就労能力がある人は働くというのが生活保護の基本的な考え方です。しかし，大学に進学して

ある分野について専門的に学ぶことは，今後，社会人として円滑に働いていく
うえで役に立ちます。学歴によって雇用が不安定になるケースがあるのも，悲
しいですがひとつの現実です。そこで，生活保護を受給している世帯に，大学
へ進学する者がいると，実際には同じ世帯で暮らしていても世帯分離します。
そして大学生を除いた家族について能力活用の要件をクリアー（活用していな
い能力はないと整理）することで，保護の受給を認めてきました。大学生は生
活保護の対象から外れますので，大学進学にかかる費用は生活保護からは支給
されず，各種の奨学金を利用することが考えられます。

　生活保護世帯の子どもの大学への進学率（2017〔平成 29〕年 35.3％）は全
世帯の子どものそれ（同年 73.0％）に比べて著しく低いのが現実です。そこで
貧困の連鎖を断ち切るようにするため，2018（平成 30）年に生活保護法が改
正されました。先に述べた世帯分離は維持したまま（つまり，生活扶助につい
ては大学生分は支給されません），住宅扶助については減額しないことにすると
ともに大学進学の際の新生活立ち上げ費用として進学準備給付金を一時金とし
て支給することにしました（生活保護 55 条の 5 第 1 項）。2020（令和 2）年現
在ではそれぞれ 37.3％，73.4％と生活保護世帯の子どもの進学率のほうが若
干伸びが大きいですが，さらなる改善が望まれます。

（3）　**扶養優先**　　補足性の原理のもう 1 つの内容に扶養優先があります。生
活保護の受給希望者について扶養義務を負った者がいるのであれば，その者に
よる扶養を優先しようというものです。

　詳しくは民法（特に家族法）で勉強しますが，扶養義務には**生活保持義務**と
**生活扶助義務**があります。生活保持義務は，自分と同程度の生活を保持する義
務で，夫が妻に対して，妻が夫に対して，あるいは親が未成年の子どもに対し
て負います（民 752 条，877 条 1 項あるいは 820 条 [3]）。他方で，成年に達した
子が親に対して負うのが生活扶助義務です（民 877 条 1 項）。自分の職業や社
会的地位にふさわしい生活をしたうえでなお余裕があれば扶助するという義務
です。比喩的にいえば，1 つしかパンがない場合に，生活保持義務を負う場合
には分け合う必要がありますが，生活扶助義務の場合には分け合う必要はあり

──────────────────────────────────────── notes

[3]　親が未成年の子どもに対して負う生活保持義務の根拠条文については争いがあるようです。詳しくは民
　法（家族法）の授業で勉強しましょう。

ません。

　生活保護の受給希望者に，扶養義務者がいるのであればその者に扶養しても
らえないかを模索します。もっとも，扶養義務者による扶養はあくまで優先で
あり，資産活用や能力活用とは違って保護を受けるための要件ではありません。
行政が家庭の問題に立ち入ることには慎重である必要があります。

　たとえば，70歳の女性が生活保護を申請すると，福祉事務所（⇒③**2**）は扶
養義務者の有無を調査します。夫は亡くなっているが，成人した息子がいて金
銭的な余裕もあるとわかった場合，息子には生活扶助義務がありますので，事
情をよく確認したうえで母親を扶養できないかについて報告を求めます（生活
保護28条2項）。扶養を拒む場合にはその理由も尋ねます。そして，息子に通
知したうえで（24条8項），生活保護を実施します。場合によっては，保護の
実施にかかった費用の全部または一部を息子に支払わせることもでき（77条1
項），負担額についての協議が調わない場合には，福祉事務所が申立てするこ
とで家庭裁判所に定めてもらうこともできます（同条2項）。

　(4)　**他法・他施策優先**　　生活保護は最後のセーフティネットなので，その
他の法的な給付を得られる可能性があれば，そちらを優先させます。たとえば，
ひとり親家庭の場合には児童扶養手当（⇒**CHAP. 6**）を，高齢世帯の場合に
は老齢年金（⇒**CHAP. 2**）や年金生活者支援給付金を受給する可能性がある
ので，それらの可能性を模索します。それでも最低生活費に満たない場合に，
満たない分を補う形で保護が支給されます。

## 3　世　帯

　ここまで家族と書いてきたとおり，保護が必要かどうか（保護の要否），必
要だとしてどれくらいか（程度）については，基本的に**世帯**を単位に決められ
ます（**世帯単位の原則**。生活保護10条）。

8-4　　　　　　　　　　　　　　　　　　　　　**RESEARCH**

　生活保護の要否や程度は世帯を単位にするとして，以下の場合にはどのような扱い
になるか調べてみましょう。

① 離婚して住民票は別だが，同居している場合（東京地判昭和 38・4・26 判タ 145 号 94 頁［百選 84］参照）
② 単身赴任をしている場合
③ 同居しているが，大学に通う子どもがいる場合（⇒ **Column 8-1** 参照）

---

**Column 8-2 ● 生活保護受給世帯の動向**

　2022（令和 4）年 5 月現在，保護を受けている人の数（被保護実人員）は，202 万 3336 人（保護率 1.62％）で，保護を受けている世帯数（被保護世帯）は 163 万 9505 世帯（生活保護の被保護者調査，概数参照）です。この統計によると，男女 65 歳以上の者のみ，あるいはこれに 18 歳未満の者が加わる高齢者世帯の割合が高く，半数以上を占めています（55.8％。なかでも単身世帯が 51.5％）。景気の回復により改善傾向にありますが，2008（平成 20）年のリーマン・ショック以降に特にみられた近年の傾向には，高齢者，母子，障害者・傷病者のいずれの類型にも入らない就労可能な現役世代と考えられる「その他」の世帯の割合が増大していたことが挙げられます。コロナ禍でも「その他」の世帯の割合の増加がみられました（2022〔令和 4〕年 5 月現在で 15.3％）。

---

#  手続 ―生活保護をもらうためには？

　以下では，具体的な手続の流れに沿って，生活保護の仕組みをみていきましょう。

**手続の流れ**

相談　⟶　申請　⟶　調査　┬→　支給決定　⟶　保護の実施
　　　　　　　　　　　　　└→　不支給決定

## 1　申　請

### 申請保護の原則

　生活保護を受けるためには，原則として申請が必要です（**申請保護の原則。**

生活保護 7 条)。申請は，基本的に申請書に記載する方法で行います（24 条 1 項）が，申請書への記載が難しい場合，口頭での申請も認められます。

　ときには相談に行っても担当者が申請書を交付しないとか，記入した申請書を受理しないといって受付自体を拒否する，いわゆる**水際作戦**が問題となることがあります。しかし，生活保護の申請権は憲法で保障された権利ですので，水際作戦は違法です。

　以上のとおり，原則として申請が必要です。もっとも，急迫した事由がある場合には，申請がなくても**職権**にて必要な保護が行われます（生活保護 4 条 3 項・7 条ただし書・25 条 1 項）。資力があるのに保護が実施された場合には，保護に要した費用を速やかに返還する必要があります（63 条）。

### ┃ 申請者 ┃

　生活保護を受ける権利は，すべての国民に平等に認められる権利です（**無差別平等の原理**。生活保護 2 条）。ですので，申請に際して貧困状態に至った理由が問われることはありませんし，住居がないいわゆるホームレスの状態であっても生活保護を申請することができます（ホームレス自立支援法や生活困窮者自立支援法も参照）。

　では，日本国民ではない外国籍者にも生活保護を受ける権利が保障されているでしょうか。1950（昭和 25）年に制定された現行の生活保護法は，その適用対象を「国民」としました（生活保護 1 条・2 条）。けれど，行政上の措置として生活に困窮する外国人に対しても日本国民に準じて必要と認める保護を行うという内容の通知が，1954（昭和 29）年に厚生省（当時）から都道府県知事に向けて出されました（「生活に困窮する外国人に対する生活保護の措置について」〔昭和 29・5・8 社発第 382 号〕）。

　その後，1981（昭和 56）年に日本が難民条約に加入する際，各種の社会保障規定における国籍条項が問題となり，国民年金法等では削除されました。しかし，生活保護法については上記通知によってすでに同じ取扱いがされていたため，国籍条項の削除は見送られました。1990（平成 2）年には，厚生省（当時）社会局保護課企画法令係長の口頭指示によって，行政上の措置の対象が「永住者」，「定住者 [4]」，「日本人の配偶者等」，「永住者の配偶者等」の在留資格を有

する者に限定されました（最判平成13・9・25判時1768号47頁［百選5］は，生活保護法が不法滞在者を対象としないことは憲法25条・14条1項に反しないとしました）。

　こうした状況下で，永住者資格を有する中国籍女性が保護を申請したのですが，却下されたため，外国人も保護の対象になるかが裁判で争われました。高等裁判所（福岡高判平成23・11・15判タ1377号104頁）は，上記経緯をふまえて，一定の範囲の外国人に対し日本国民に準じた生活保護法上の待遇を与えることを立法府と行政府が是認し，これによって生活保護を受ける地位が法的に保護されるに至ったと構成して，「一定範囲の外国人も生活保護法の準用による法的保護の対象になる」（点は筆者による。準用については⇒CHAP. 6 ④ 参照）としました。しかし，最高裁（最判平成26・7・18賃社1622号30頁［百選79］）は，生活保護法の適用を受ける者の範囲を一定の範囲の外国人に拡大する法改正は行われていないこと，保護規定を外国人に準用する旨の法令も存在しないことから，外国人は「行政措置により事実上の保護の対象となり得るにとどまり，生活保護法に基づく保護の対象となるものではなく，同法に基づく受給権を有しない」としました。そのため，不支給処分に対する取消訴訟を提起しても棄却されます。もっとも，公法上の当事者訴訟を提起することによって行政措置を受けられないことの違法性を争う可能性はあります。

　内なる国際化が進むなか，行政措置として，一定の外国人を日本人に準じて保護の対象とする一方，それでも生活保護法上の保護の対象とは認めないのが現状といえます。

---

### 8-5　　　　　　　　　　　　　　　　　　RESEARCH

　　最高裁判決によると，不法滞在者のみならず，永住者や定住者も生活保護を受ける法的な権利を有しません。こうした取扱いは日本が批准する以下の条約に適合するでしょうか。
- ・　経済的，社会的及び文化的権利に関する国際規約（A規約）9条
- ・　難民条約23条

　　また，外国人に対しては行政が事実上の措置として保護する可能性はありますが，

④　定住者には日系人（日系3世まで）とその配偶者，インドシナ難民，日本人の配偶者と死別・離別した外国人等が該当します。

権利としては保障されていません。では，このような人たちは，具合が悪くなったら，どうすればよいでしょうか。生活保護の給付には医療扶助がありますが，上記の経緯からすれば必ず受けられるとは限りません。他に医療を受ける手立てはないでしょうか。以下のヒントをもとに調べてみましょう（⇒ Column 1–2 参照）。

ヒント：社会福祉法の第 2 種社会福祉事業として「無料・低額診療事業」（社福 2 条 3 項 9 号），救急医療，外国人未払医療費補てん事業，行旅病人及び行旅死亡人取扱法

## 2　実施機関

　生活保護の申請はどこにすればいいのでしょうか。先ほど述べたとおり，生活保護は，本来国が果たすべき役割ですが，実際に相談に行くのは，近くの市役所や**福祉事務所**[5] です。というのも，保護の実施機関は，都道府県知事，市長および福祉事務所を管理する町村長（生活保護 19 条 1 項）で，保護の決定および実施に関する事務の全部または一部は福祉事務所長に委任されているからです（同条 4 項）（町村部では都道府県が設置）。

　地方公共団体の事務には，**法定受託事務**[6] と**自治事務**[7] がありますが，生活保護に関する事務は基本的に法定受託事務であり（生活保護 84 条の 5），後で述べる被保護者就労支援事業や健康管理支援事業は自治事務にあたります。

## 3　調　査

　生活に困った人が生活保護の申請をすると，行政はその申請を認めるか，認めないかを応答しなければなりません（行手 7 条）。生活保護は最低生活費を下回る場合に機能するので，申請した世帯の最低生活費を確認したうえで，世

notes

[5]　福祉事務所とは社会福祉法 14 条に規定される「福祉に関する事務所」のことで，生活保護法や児童福祉法をはじめとする福祉六法が定めている援護や育成，更生の措置に関する事務を担う第一線の社会福祉行政機関です。都道府県および市（特別区を含む）に設置が義務づけられており，町村は任意で設置することができます。

[6]　法定受託事務とは，本来，国や都道府県が果たすべき役割の事務を，法律によって住民により身近な都道府県や市町村が処理するようにした事務のことです。法定受託事務は下記の自治事務よりも国や都道府県の関与の度合いが大きいという特徴があります。

[7]　法定受託事務以外の，地方公共団体が処理する事務を自治事務といいます。

帯の収入が実際に下回るかどうかを調査することになります。

　福祉事務所等で働く**ケースワーカー**[8]と呼ばれる人たちが，その世帯の生活状況を把握するために家庭訪問等を行い，資産や収入の状況等を調査します（ミーンズ・テスト。生活保護28条）。銀行や勤め先に問い合わせて報告を求めることもできます（29条）。資産や収入以外にも，世帯員の健康状態や他の自治体での受給状況について調査することもできます。ミーンズ・テストが生活保護制度における特徴的な仕組みであることはすでに述べたとおりです。

　では，なぜこのような調査をするのでしょうか。すでにみたとおり，補足性の原理が生活保護における重要な原理だからです（生活保護4条）。利用しうる資産，能力その他あらゆるものを，最低限度の生活の維持のために活用しても，最低限度の生活の需要を満たすことができない場合に，不足分を補う程度で保護が実施されるのです。

## 4　決　定

　調査の結果，収入として認定される額が明らかになります。その額と，先ほど述べた客観的に決定される最低生活費とを比較して，不足分があればその分だけ生活保護が支給されます。

　生活保護の申請に対する判断は，保護を認める支給決定（保護開始決定と呼ぶこともあります）と，認めない不支給決定に大きく分かれます。支給決定には，具体的な扶助の種類，程度，方法も記載されます。いずれの決定にも理由が付されます（生活保護24条4項）。迅速な保護を実現するために，申請のあった日から原則として14日以内にいずれかの決定をすべきとされています（同条5項）。

─────────────────────── notes

[8]　ケースワーカーとは，市役所や福祉事務所の担当課で生活保護に関する業務を行う人のことです。特別な資格が必要なわけではないので，福祉職で採用された人でなくても市の職員等は人事異動によってケースワーカーになりえます。ケースワーカーは，面接相談や生活保護の要件を満たすかの判定，各種調査，家庭訪問，就労指導等，生活保護費の支給に関わる業務全般を担当します。

## 5 不正受給 ━━━━━━━━━━━━━━━━━━━━━━━━━●

　生活保護は，最後のセーフティネットとして保護の必要な人に必要な範囲で
なされるものです。必要がないにもかかわらず，あるように装って不正受給を
することは許されません。万が一起これば，厳正に対処されます。不正に受給
した額の全部または一部だけでなく，その徴収額（返還金）に100分の40以
下の上乗せがされることもありますし（生活保護78条），刑罰を受ける可能性
もあります（85条。別途刑法上の詐欺罪などが成立する可能性もあります）。
2013（平成25）年改正では，不正・不適正受給対策を強化するために，福祉事
務所の調査権限が拡大され，罰則等も強化されました（78条・78条の2・85
条・85条の2・86条）。

 **給付** ─生活保護には，どのような種類があるの？

　生活保護の支給決定には，扶助の種類や程度，方法も記載されますが，扶助
には以下の8種類があります。

> ・生活扶助　　・教育扶助　　・生業扶助　　・住宅扶助
> ・医療扶助　　・介護扶助　　・出産扶助　　・葬祭扶助

　これらのなかから複数の種類が組み合わさって支給される場合も多いです。
年齢，性別，健康状態等，個人または世帯の実際の必要性に応じて，ケース・
バイ・ケースで，オーダーメイドの形で，保護は有効かつ適切に実施されるこ
とになります（**必要即応の原則**。生活保護9条）。

### ┃ 生活扶助 ┃

　生活扶助は，食費や光熱費等の日常生活に必要な費用を賄うものが基本で，
それ以外に各種の加算があります。まず，児童を養う場合には**児童養育加算**が，
母子家庭では**母子加算**が，障害がある場合には**障害加算**がつきます。以前は老
齢加算もありましたが，すでに廃止され，廃止は合法と判断されました（⇒お
わりに）。地域によっては暖房代がかさむ冬場に**冬季加算**がつくところもありま

す（介護加算については後述）。

## 教育扶助

　教育扶助は，義務教育を受けるために必要な学用品，学校教材等の費用を賄うものです。義務教育が対象なので，高校進学に関する扶助は教育扶助ではなく，技能修得に必要な費用として生業扶助の形で支給されます。

## 生業扶助

　生業扶助としては，高校進学に関する扶助を含む生業に必要な技能の修得のための費用（技能修得費）だけでなく，生業に必要な資金や器具，資料（生業費）や，就労のために必要なもの（就職支度費）が支給されます。

## 住宅扶助

　保護は自宅で受けることが原則なので（生活保護30条1項），家賃に相当する費用や補修その他住宅の維持に必要なものは住宅扶助の形で支給されます。
　生活扶助や住宅扶助等は，基本的に現金の形で支給されます。これに対して，次に述べる医療扶助や介護扶助は現金ではなく，現物（つまりサービス〔医療・介護〕）の形で支給されます。

## 医療扶助

　医療保険制度との関係では，生活保護受給者は国民健康保険（国保）や後期高齢者医療制度の適用除外者とされるので（国健保6条9号，高齢医療51条1号），国民健康保険や後期高齢者医療制度の給付を得ることはできません。他方，健康保険の被保険者でもない場合には，生活保護から医療扶助を受けることになります。医療機関に行く前に福祉事務所に行き，**医療券**の交付を受け，医療券に記載された病院（これを**指定医療機関**〔→**CHAP.14** 1(1)〕といいます）に行く必要があります（緊急時には例外的に医療券の申請は事後的でもよいとされています）。指定医療機関で医療券を示せば，自己負担なくして医療サービスを受けられます。医療サービスの内容は基本的に公的医療保険の内容と同様ですが（⇒**CHAP.1** 参照），保険外併用療養費等には制約があります。ま

た，サービスを提供した指定医療機関は，医療保険制度の場合と同じように，診療報酬を請求しますが，医療扶助の場合に診療報酬額を決定するのは，都道府県知事（生活保護53条1項）となり，審査支払機関ではありません。希望どおりの診療報酬が支払われないいわゆる減点査定の場合には，医療保険制度の場合とは違って，知事の診療報酬額の決定を行政処分と捉えて取消訴訟を提起することになります。このように生活保護受給者の場合には，事前に医療券を入手のうえ，そこに示された指定医療機関に行く必要がある等，医療保険とは違いがあります。

　医療扶助は生活保護費の内訳の半分以上を占めており，医療扶助費をいかに抑制するかが生活保護制度における課題の1つといえます。そこで，2018（平成30）年改正では，医師が医学的知見等に基づいてジェネリック医薬品[9]を使用することができると認めたものについては，原則としてそれを使用することが法律で規定されました（生活保護34条3項）。また，生活保護受給者には生活習慣病の割合が高いものの健診データ等の集約がされておらず生活習慣病の予防と重症化予防の取組みが十分ではないことから，データに基づいて生活習慣病の予防等を推進する**健康管理支援事業**が創設されました（55条の8・55条の9）。さらに，不正をなくすために指定医療機関制度も2013（平成25）年改正により見直され，指定要件や指定取消要件が法律で明確化されるとともに（49条の2・51条），国による指定医療機関への指導体制も強化されています（50条・84条の4）。

## 介護扶助

　次に，介護扶助ですが，介護保険制度との関係をまず説明しましょう。すでに勉強したとおり，介護保険の被保険者には，40歳以上65歳未満の人を対象とする第2号被保険者と，65歳以上の人を対象とする第1号被保険者がいて，前者については医療保険制度への加入が前提とされています（⇒**CHAP.5**②**2**）。そのため，40歳以上65歳未満で医療保険に加入していない場合は介護保

---

notes

[9] 新薬の特許が切れた後に販売される，新薬と同じ有効成分，同じ効き目の安い薬のことで，後発医薬品ともいいます。

**図表 8-4** 生活保護給付と介護保険制度との関係

▶ 40 歳以上 65 歳未満

| 医療保険加入者 | 医療保険未加入者 |
|---|---|
| 介護保険の第 2 号被保険者 | 介護保険の被保険者ではない |
| → 介護が必要になれば介護保険給付を受給 | → 介護が必要になれば【 介護扶助 】を受給 |

▶ 65 歳以上

介護保険の第 1 号被保険者
→ 保険料は【 生活扶助の介護加算 】の形で受給
→ 介護が必要になれば介護保険給付を受給
→ 利用者負担は【 介護扶助 】の形で受給

\* 生活保護制度からの給付には【 】

険にも加入せず，介護保険制度による給付を得ることができません。そこで，その人が介護を必要とする場合には，生活保護から介護扶助という形で介護サービスを受けられます。他方，65 歳以上の場合は，生活保護受給者であっても介護保険の第 1 号被保険者と整理されます。そのため，介護保険の保険料を負担しなければなりませんが，生活保護受給者の場合は負担するのが難しいかもしれません。そこで，保険料相当分が**介護加算**として生活扶助から支給されます。こうした仕組みによって保険料を負担し，介護が必要となった場合には，介護保険制度による介護給付を受けられます。その場合に支払うべき 1 割の利用者負担は，介護扶助として現金で支給されます（⇒**図表 8-4**）。

## 出産扶助

出産扶助は分娩の介助など出産にかかる費用について支給されます。

## 葬祭扶助

葬祭扶助は葬儀費用をまかなえない，あるいは遺族以外の人が葬儀を手配するなどの場合に支給されるものです。

# ⑤ 保護の実施 —受給中，どのような権利や義務があるの？

支給決定を受けると，その月から毎月保護費が支給されます。生活をするた

めに必要な給付なので前払いです。

## 1 被保護者の権利 ─────────────────────●

　生活保護を受ける人を**被保護者**といいますが，被保護者には，その立場上，正当な理由なく，保護を不利益に変更されない権利（生活保護56条）が保障され，生活保護による保護金品には税金が課されないこと（57条）や，保護金品やそれを受ける権利は差押えされないこと（58条）が保障されています。また，生活保護の受給権は，被保護者が得た権利なので，他人に譲り渡すことはできませんし（59条），被保護者が死亡しても保護受給権は相続の対象にはなりません。その人だけの権利として保護されています。

## 2 被保護者の義務 ─────────────────────●

　その一方で，生活保護は公費を財源とすることから，被保護者には一定の義務が課されます。生活上の義務として，常に，能力に応じて勤労に励み，自ら，健康の保持および増進に努め，収入，支出その他生計の状況を適切に把握するとともに支出の節約を図り，その他生活の維持および向上に努めなければなりません（生活保護60条）。また，収入や支出，世帯構成等に変動・異動があったときは，速やかに保護の実施機関または福祉事務所長に届け出なければなりません（61条）。生活保護を適正に実施するうえで届出は欠かすことができません。また，後述するとおり，実施機関による指導や指示に従う義務もあります（62条1項）。

## 3 被保護者に対する支援 ───────────────────●

　保護の開始にあたって入念なミーンズ・テストがされるのはすでに述べたとおりですが，いったん保護が決定して保護費が支給されると，行政との関わりはどうなるでしょうか。補足性の原理は制度全般における重要な原理なので，保護がその世帯の必要性に応じて必要最低限の形で行われているかを常に確認

することが重要になります。そこで実施機関は，ケースワーカーによる家庭訪問の実施等の形で被保護者を支援します。

実施機関による支援には，第1に経済的な自立のための支援が考えられます（**経済的自立支援**）。経済的に自立するには，就労することが重要なので，**被保護者就労支援事業**も実施されます。被保護者からの相談に応じて就労の支援に関する問題について必要な情報を提供し，助言を行うもので，これは自治事務の形で実施されます（生活保護55条の7）。また，**就労自立給付金**の仕組みも始まりました。これは，保護受給中の就労収入のうち，収入認定された金額の範囲内で，別途一定額を仮想的に積み立てて，保護が必要でなくなったときに支給するものです（55条の4）。生活保護から脱却するインセンティブを強めるとともに，脱却後の不安定な生活を支えて，再度保護に至ることを防止することを目的としています。

第2に，それぞれの能力や抱える問題等に応じて，身体や精神の健康を回復・維持し，自分で自分の健康・生活管理を行う等，日常生活において自立した生活を送るための支援（**日常生活自立支援**）や，社会的なつながりを回復・維持する等社会生活における自立の支援（**社会生活自立支援**）も実施されます（生活保護27条・27条の2）。実施機関は，被保護者の相談に応じて助言することができます。

## 指導・指示

さらに，実施機関は，生活の維持，向上その他保護の目的達成に必要な**指導・指示**をすることができます（生活保護27条1項）。指導・指示は被保護者の自由を尊重し，必要の最小限度に止めなければなりません（同条2項）。まずは口頭で行い，それでも改善がされない場合には文書によって行います（指示書）。被保護者は，この指導・指示に従う義務がありますので（62条1項），義務に反すると，保護を変更，停止，あるいは廃止される可能性があります（同条3項）。

### 考えてみよう                                    8-3

ある市が，生活保護の「受給者の責務」としてパチンコや競馬，競輪などでの浪費

を明確に禁じたうえで，パチンコ店等に通い詰める受給者についての情報を提供するよう市民に呼びかける条例を制定したとします。生活保護の受給者がギャンブルなんてとんでもない？　それとも，保護の範囲内での自由として尊重すべき？　ある程度のギャンブルは社会的に許容されるなか，ギャンブルと生活保護の関係はどうあるべきなのでしょうか。ギャンブルに依存せざるをえないのかもしれない受給者を取り巻く環境をも含めて，考えてみましょう。

 ## 変更・停止・廃止
### ―もらえる生活保護が変わるのは，どのようなとき？

## 1　保護の変更・停止・廃止 ────────────●

　生活保護法では保護の変更，停止，廃止について3つの場面を想定しています。

　第1に，保護は必要なときに必要な範囲でなされるものなので，必要がなくなれば，変更，停止あるいは廃止されます（生活保護25条2項・26条）。収入が増えて生活が安定して，収入認定分が最低生活費を上回る場合が具体例です。

　第2に，実施機関が要保護者の生活状況を把握できないような場合には，適正な保護を実施できませんので，保護の変更や停止，廃止を受ける可能性があります。たとえば，資産や収入の状況，健康状態等について被保護者が報告をしないとか，虚偽の報告をする場合，あるいはケースワーカーの訪問を拒んだり，医師や歯科医師の検診を受けるべきとの命令に従わないような場合です（生活保護28条5項）。

　そして第3に，実施機関が行う指導・指示に従う義務に違反した場合です（生活保護62条）。この点は特に問題となるので，詳しくみてみましょう。

### ▌指導・指示への違反▐

　まず，実施機関からの口頭の指示に従わなかったからといって，即座に保護が廃止されるわけではありません。①口頭による指示，②書面による指示（指示書），③弁明の機会の付与[10]という段階的な手続が踏まれても改善されない場合に初めて廃止される可能性が生じます。そのため，口頭の指示の直後に行

われる廃止決定は違法です。というのも，被保護者の保護の必要性にも十分配慮する必要があるからです。廃止は，被保護者の最低限度の生活の保障を奪うかもしれない重大な処分なので，違反行為に至る経緯や違反行為の内容等を総合的に考慮したうえで，違反の程度が処分に相当するような重大なものである必要があります。そのため，それに至らない程度の違反行為には，保護の変更や停止等のより軽い処分が選択されなければなりません（福岡地判平成10・5・26判時1678号72頁）。

　また，書面による指導・指示があったとしても，その内容がそもそも客観的に実現不可能または著しく実現困難である場合には，指導・指示に従わないからとして保護を廃止等することはできません。不可能を強いることはできないからです。

　では，指導・指示の内容が客観的に実現可能であるか否かは，どのように判断されるでしょうか。書面中の「指導又は指示の内容」の欄に記載された内容だけをみて実現可能性を判断するのでしょうか。それともそれ以外の事情をも含めて，総合的に判断できるのでしょうか。近時の最高裁判決（最判平成26・10・23判時2245号10頁［百選87］）は，「指導又は指示の内容は，当該書面自体において指導又は指示の内容として記載されていなければなら」ないとしました。そのうえで，「指導又は指示の内容」として記載されない事項，具体的には，指導または指示に至る経緯および従前の指導または指示の内容やそれらに対する被保護者の認識，当該書面に指導または指示の理由として記載された事項等を考慮に入れて実現可能性を判断することはできないとしました。「指導又は指示の内容」の欄に記載された事項だけをみて実現可能性の有無を判断し（いいかえると，理由の記載等はみない），実現可能性があって，さらにその違反がある場合に初めて廃止等の処分は認められるのです。安易に廃止等の処分がなされないように，このような法規制となっています。

10　弁明の機会の付与とは，不利益な処分に先立って，処分を受ける人に権利防御の機会を与えることをいいます。

## **2** 要保護者による生活保護の辞退 ─────────────●

　生活保護の廃止決定は，要保護者からの辞退，つまり辞退届の提出をきっかけになされる場合もあります。そもそも申請主義が原則である等，当事者の意思がベースに成り立つ制度であるため，辞退が想定されるのは当然です。もっとも，安易に辞退を認めては最低限度の生活が保障されなくなる危険があるので，被保護者による辞退は慎重に判断される必要があります。つまり，辞退は本人による任意かつ真摯な意思に基づくことが必要で，実施機関による辞退の強要は決して許されません。また，保護を受ける権利がないと誤解させて辞退届を提出させる行為も断固許されません。このような場合には，強迫や詐欺に関する民法の規定によって，辞退の意思表示を取り消すことができます（民96条1項・2項）。錯誤（民95条）に基づく辞退届の提出を理由に保護廃止決定を取り消す可能性も認められています（広島高判平成18・9・27賃社1432号49頁［百選90］）。

## 争い方
### ─行政の決定に不服がある場合には，どうすればよい？

　では，生活保護の受給を希望したのに不支給決定を受けた場合や，支給決定は得られたけれど給付内容に不満がある場合，あるいはこれまで受けてきた保護を変更されて減額されたり，突然廃止されたりして，各処分に不服がある場合はどうすればよいでしょうか。

　不支給決定や支給決定，変更決定，廃止決定は，それぞれ行政処分（⇒**CHAP.2** ④参照）ですので，それらの処分に不服がある場合は，**審査請求**をする必要があります。審査請求についての書類の提出先は，申請をした福祉事務所または都道府県ですが，審査請求の宛名は，市の社会福祉事務所の処分の場合には都道府県知事，県の社会福祉事務所の処分の場合には厚生労働大臣となります（生活保護64条，自治255条の2第1項1号）。知事や大臣はそれぞれの審査請求に理由があるか否か**裁決**の形で回答します。こうした審査請求の手続を経た後でなければ，訴訟を提起することはできません（**審査請求前置主**

義。生活保護 69 条）。

　裁決に不服がある場合には，訴訟を提起することができます。知事による裁決の場合には，訴訟に先立って，厚生労働大臣に対して再審査請求をできますが（生活保護 66 条 1 項），必ずしないといけないわけではありません。

　訴訟では，受けた処分が違法であると主張して処分の取消しを求める**取消訴訟**を提起します（行訴 3 条 2 項）。それに加えて，支給処分を求める等，申請型の**義務付け訴訟**や**仮の義務付け訴訟**を併合提起することもできます（行訴 3 条 6 項 2 号・37 条の 3・37 条の 5）（仮の義務付けを認めた事例として，福岡高那覇支決平成 22・3・19 判タ 1324 号 84 頁〔百選 89〕）。

　自分にとって不利益な処分がされるおそれがある場合には，事前に**差止め訴訟**や**仮の差止め訴訟**を提起することも可能です（行訴 3 条 7 項・37 条の 4・37 条の 5）。たとえば保護の受給中に口頭の指示を受けたものの，その指示が違法と思われる場合には，指示書が出されることのないように差止め（指示が行政処分であることが前提です）の訴えを提起したり，保護基準の違法な改定がなされた場合には，いずれ訪れる保護の変更処分を差し止める訴訟を提起することが考えられます（⇒おわりに参照）。

　なお，訴訟費用は基本的に裁判で負けた者が負担しますが，生活保護制度からの支給はありません。訴訟上の救助の申立てをしたり（民訴 82 条 1 項），法テラスによる民事法律扶助による立替制度を利用したりすることが考えられます。

#  財政 —生活保護の財源はどこから？

　生活保護は，最後のセーフティネットとして国の責任で成り立つ仕組みですので，その財源は**公費**です。

　では公費といっても，具体的にはどの主体が負担するでしょうか。生活保護に必要な費用は，いったん実施機関である地方公共団体が全額を支出した後で，国が一定割合を負担することになります。生活保護は国が本来果たすべき役割を地方公共団体にゆだねた仕組みなので，国の負担割合は大きいです。保護費や保護施設事務費，委託事務費，就労自立給付金費等については国が 4 分の 3

を負担し（生活保護 75 条 1 項），地域住民に対して福祉の責任を負う地方公共団体が残りの 4 分の 1 を負担しています。

---

**CHECK**

- ☐ 1 生活保護制度の目的は何でしょうか。
- ☐ 2 「最低限度の生活」は誰がどのような形で決めていますか。
- ☐ 3 朝日訴訟では生活保護を受ける権利についてどのように判断されたでしょうか。
- ☐ 4 補足性の原理とは何でしょうか。
- ☐ 5 生活保護を受給していても保有が認められる資産にはどのようなものがありますか。
- ☐ 6 生活保護を受けるにはどのような手続を経る必要があるでしょうか。
- ☐ 7 生活保護制度にはどのような給付がありますか。
- ☐ 8 生活保護の受給者が病気にかかった場合にはどうすればよいですか。
- ☐ 9 生活保護の受給者には，どのような権利・義務があり，どのような支援を受けることができるでしょうか。
- ☐ 10 生活保護はどのような場合に，変更・停止・廃止される可能性があるでしょうか。
- ☐ 11 生活保護に関する決定に不服がある場合はどうすればよいでしょうか。
- ☐ 12 生活保護の財源は何でしょうか。

# おわりに

## 社会保障制度における権利と紛争解決

これまでの章ではそれぞれの制度を勉強してきましたが，各制度にはどのような共通点や相違点があったでしょうか。似ているものもあれば，全然違うものもあったと思います。この章では最後に社会保障制度における権利や紛争解決の仕組みについてまとめてみましょう。

## 社会保障の権利

各章で勉強したとおり，法律で定められた要件を充足すると，「給付をください」と請求できる権利が**抽象的**に発生します（⇒**CHAP.2④**）。このような社会保障給付に関する請求権には，一般の請求権，たとえばAさんがBさんにお金を貸したので「返してください」と請求する権利とは異なる特別な性格があります。

まず，社会保障の給付は，要件を満たしたら自動的に支給されるとは限りません。支給のためには，年金の場合には**裁定**（⇒**CHAP.2④**），介護保険の場合には**介護認定**（⇒**CHAP.5④**）等，一定の**行政処分**を受ける必要があり，それによって権利が初めて**具体化**されます。

また，お金を「返してください」という請求権であれば，AさんはCさんに譲り渡す（法律では「譲渡」といいます）ことができます。しかし，社会保障給付に関する権利は，要件を満たしたその人にだけ認められる権利です。やや難しい表現で「**一身専属性がある**」といいます。そのため，「給付をください」という権利を他人に譲渡したり，それを担保にお金を借りたりすることは，法律で禁止されます。また，「給付をください」という権利がお金を借りた人等に差し押さえられて支給を受けられなくなるということもありません。権利を取得したその人に確実に支給されるように保護が図られています。もっとも，いったん金銭になると他の金銭と混ざるので保護を貫徹するのは難しいのが現状です。

社会保障給付に関する権利には一身専属性があるので，権利を有する人が亡くなれば，権利も将来に向かって消滅します。言い換えると権利は相続の対象にはなりません。では，死亡した時点で未支給の給付があるとどうなるでしょうか。特に年金は後払いのため，支給日以前に死亡した結果，本来支給されるべき分が支給されないことがありえます。こうした場合は，未支給給付として相続とは別の形で処理されます（⇒**CHAP.2④**）。

他方，社会保障に関する権利も一般の請求権と同じく**時効**によって消滅します。医療保険や労災保険（両制度では現物給付を除く），雇用保険の給付については2年，年金の基本権は5年，権利を行使しないと消滅します。年金の支分

権については時効の規定がありませんが，国が保険者なので，会計法30条によって5年で消滅すると考えられています。大量の保険給付を決定し，支払う事務を効率的かつ迅速に処理するために，短期間[1]での時効が定められています。

## 紛争解決

では，社会保障制度をめぐってトラブルが生じたらどうすればよいでしょう。たとえば以下のようなトラブルが考えられます。

---

① 介護保険でデイケアを利用していたが，ヘルパーの態度が悪い

② 生活保護を受けていたが，働けるはずだと言われて保護を停止された【生活保護の停止決定】

③ 働き過ぎ（いわゆる過労）が原因でうつ病になったのに労働災害と認めてもらえなかった【労災の不支給決定】

④ 障害があるので障害年金を申請したが，障害の程度を2級とする支給決定を受け，1級と認めてもらえなかった【障害年金の支給決定】

⑤ 病院（保険医療機関）に勤める医者（保険医）が患者（被保険者）に対して治療をしたので，病院が診療報酬を審査支払機関に対して請求したが，保険診療として適切ではないとして一部支払いを拒否された

⑥ 社会福祉法人が経営する障害者支援施設に入所したところ，スタッフが目を離した隙にけがをした

⑦ 県による児童福祉法27条1項3号の措置に基づいて社会福祉法人が経営する児童養護施設に入所した児童が，入所中の別の児童らから集団暴力を受けて後遺障害が残った

---

これらのトラブルが生じたらどうすればよいでしょうか。社会保障制度に関する紛争を解決する手段には大きく分けて，裁判所によるものとよらないものがあります。

### (1) 裁判所によらないもの

(a) 相談・苦情　①のようにヘルパーの態度が悪いというのは，けがをし

---

notes

[1] 通常の債権は，債権者が権利を行使することができることを知った時から5年，権利を行使することができる時から10年で時効消滅するので（民166条1項1号・2号），それに比べれば比較的短期ということができます。

て治療費がかかったというように実質的な損害が生じた場合と違って，裁判所で解決してもらうことは難しいです。このようなトラブルについては**相談窓口**や**苦情処理機関**を利用することが効果的です。介護の分野ではサービスを提供する事業者に相談したり（事業者には相談窓口の設置等が義務づけられています），市町村や国民健康保険団体連合会が取り扱う苦情処理制度を利用することが考えられます。一般的な年金相談についてはねんきんダイヤルへ，労働災害については労働基準監督署へ相談することができます。

○各種の相談窓口：ねんきんダイヤル，労働基準監督署，健康保険組合等

○苦情処理機関　：市町村，運営適正化委員会（福祉サービス），国民健康保険団体
　　　　　　　　　連合会（介護保険サービス）等

　(b)　行政上の不服申立て　　ヘルパーの態度を問題とした①とは違って，②や③や④では，それぞれ停止決定，不支給決定，支給決定という**行政処分**を受けています（それぞれ【　】内を参照してください）。そうすると，行政処分があったことを知った日の翌日から数えて３か月以内の間に，行政に対して不服を申し立てることができます（行政上の不服申立てといいます）。社会保障制度は，専門性が高いことから，裁判所に訴訟提起する前にまずは行政機関（たとえば厚生労働大臣）に対して**審査請求**をして，行政機関からの**裁決**を得てからでないと訴訟提起できないという仕組みをとる場合が多いです（**審査請求前置主義**といいます）。訴訟件数が増えすぎることがないようにふるいにかけるために審査請求前置主義がとられています。

　それぞれの行政処分の内容を伝える通知（ハガキや手紙）には，行政上の不服申立て（審査請求）は「誰に」対して「いつまでに」「どのように」するかが書かれています（**教示**といいます）。行政上の不服申立ては，裁判より簡単で，費用もかからないというメリットがあります。審査請求に対する裁決にも不服がある場合には，**再審査請求**をすることもできます。

　(2)　**裁判所によるもの**

　次に，裁判所による紛争解決をみてみましょう。

　(a)　訴訟　　裁判所に訴訟を提起することになりますが，行政処分を受けているかによって，行政事件訴訟法が規定する**抗告訴訟**を提起するか，**通常の民事訴訟**を提起するかに分かれます。厳密には当事者訴訟等ほかの訴訟類型も考

えられます（これらについては行政法で勉強してください）が，ここでは特に基本的な上記の２つを紹介します。

① 抗告訴訟　②③④の事例のように，行政処分を受けた場合には，まずすでに述べた行政上の不服申立て（審査請求）をします。それでも不服を認めてもらえない場合には，行政事件訴訟法のルールに従って行政処分の取消しを求めて**取消訴訟**を提起します。取消しだけではなく，支給処分をするように義務付けることを求める**義務付け訴訟**（⇒ Column 6-2）や仮の**義務付け訴訟**，あるいは不利益な処分がされそうな場合に，事前にその処分の差止めを求める**差止め訴訟**や仮の差止め訴訟（⇒ **ＣＨＡＰ.8**⑦）も提起できます（もっとも，取消訴訟よりも一段と勝訴に向けたハードルは高いです）。取消訴訟等を提起できるのは，原則として処分があったことを知った日から６か月だけなので，出訴期間を過ぎることがないよう注意しましょう（行訴14条1項）。

ⅱ 通常の民事訴訟　では，行政処分を受けていない場合はどうでしょう。⑤の病院と審査支払機関の診療報酬に関する関係も，⑥の障害者施設の利用も，元となる法律関係は**契約**です。そうすると，契約どおりの債務が果たされていないとして果たすことを求める**債務の履行請求**が考えられます（民414条）。⑤の場合には，病院は，審査支払機関を被告として診療報酬請求訴訟を提起できます。また，⑥のようにけが等の損害が生じた場合には，障害者支援施設を運営する社会福祉法人を相手に，債務の不履行に基づく**損害賠償請求訴訟**を提起できます（民415条）。

他方，交通事故のように契約関係にない者から損害を受けることもありますが，契約関係を前提としないので，上記の民法415条を使うことはできません。その場合に損害賠償を請求する根拠には，不法行為について定める**民法**の規定と**国家賠償法**の規定が考えられます。民法は一般の私人同士の間で生じる不法行為についての損害賠償を規定する（民709条等）のに対して，国家賠償法は，損害を与えたのが「国又は公共団体の公権力の行使に当る公務員」である場合に主に使われます（同法1条）。ところで，⑦の事例では，児童の養育監護が民間に委託されるなかで生じる事故についての責任の所在が問題となります。児童福祉法上，児童養護施設における養育監護は本来都道府県が行うべき事務であり，施設の長は，本来都道府県が有する公的な権限を委譲されてこれを都

道府県のために行使しています。そのため，施設の職員による児童の養育監護行為は，都道府県の公権力の行使にあたる公務員の職務行為と解釈されます。そうすると，施設職員による養育監護行為は，公権力の行使[2]にあたり，施設職員の養育監護上の過失によって損害が生じたことになるので，県は国家賠償法に基づいて損害賠償責任を負うことになります。これに対して，施設の職員自身やその職員を雇う社会福祉法人は民法上の不法行為責任を負うことはないとされています（最判平成19・1・25民集61巻1号1頁［百選106］）。なお，⑥の事例では，障害者支援施設の指定を行った都道府県知事に対しても国家賠償法に基づいて損害賠償請求をすることができるでしょうか。この場合，都道府県知事はサービスを提供する義務を負っているわけではないので，責任を負わせることは難しいです。賠償が認められるのは，施設で重篤なけがが何度も起こって，それを県も把握していたにもかかわらず，しかるべき監督権限を県が行使しなかったといえるような例外的な場合に限られるでしょう。

---

### Column9-1 ● 社会保障制度における不正受給と刑事訴訟

　社会保障制度に関しては不正受給もよく問題となります。老齢年金を受給していた母親が死亡したのにその届出をせずに年金を受給し続けたとか，他人になりすまして他人の保険証を使って保険診療を受けたとか，収入があるのにそれを隠して生活保護を受給したとか，あるいは，保険医療機関が診療報酬を水増しして受け取ったとか，不正受給の具体例はたくさんあります。こうした不正に対しては，それぞれの法律で不正利得の徴収に関する規定や罰則規定が置かれています（国年23条・111条等）が，刑法をはじめとする刑罰法規にももちろん抵触します。上記の例はいずれも詐欺罪（刑246条1項・2項）を構成しうるので，刑事事件としても処理されることになります。

---

　(b)　違法性の主張　　それぞれの訴訟においては，感じている不平・不満を法的に整理し直して主張しないといけません。裁判で勝つためには，問題としたい行為や取扱いが違法であることを主張して，それを立証し，裁判官をうな

notes ────────────

[2]　通説や判例では，国や地方公共団体が私人と同じ立場で行動するいわゆる私経済作用（たとえば，公務のために鉛筆やノートを購入すること）を除いて，広く行政の領域における国家活動が公権力の行使にあたると考えられています。

ずかせる必要があります。ひと口に違法といっても，いろいろな種類の違法がありますが，社会保障制度に関する裁判でよくみられるのが「この取扱いは生存権を保障する憲法25条に違反する」とか「この取扱いは平等権を保障する憲法14条に違反する」という主張です。これらの主張は，憲法に違反するという意味で**違憲主張**といいます。法律自体を違憲という場合（法令違憲といいます）もあれば，法律は合憲であるが，実際に適用した処分が違憲という場合（適用違憲といいます）も，あるいは両者をいう場合もあるでしょう。

　憲法25条も憲法14条も日本の社会保障制度の根幹となる重要な規定なので，このような違憲主張はどのように構成されるべきかを確認しましょう。

① 憲法25条　　憲法25条1項は，「すべて国民は，健康で文化的な最低限度の生活を営む権利を有する」と規定しています。そのため，健康で文化的な最低限度の生活を営めていない場合に違憲となります。「健康で文化的な最低限度の生活」とは何かについて争われた訴訟が**朝日訴訟**（最大判昭和42・5・24民集21巻5号1043頁［百選1］）ですが（⇒**CHAP. 8**），憲法25条に関するもう1つ重要なリーディングケースに**堀木訴訟**（最大判昭和57・7・7民集36巻7号1235頁［百選2］）があります。

　視力障害者として障害福祉年金（現在は廃止）を受給していた堀木さんは，内縁の夫と離別後，子どもを育てていたので，児童扶養手当法に基づいて児童扶養手当（⇒**CHAP. 6**）の受給資格について認定の請求をしました。しかし，障害福祉年金を受給しているという理由で却下されました。そこで，併給調整，つまり障害福祉年金を受給しているときは児童扶養手当の支給を認めないと調整することを定めた法律の規定は憲法25条に違反すると主張して訴訟を提起しました。

　最高裁は，結論として，社会保障給付の全般的公平を図るため公的年金相互間における併給調整を行うかどうかは，立法府の裁量の範囲内として違憲でないと判断しました。この結論を出すにあたって最高裁は，「憲法25条の規定の趣旨にこたえて具体的にどのような立法措置を講ずるかの選択決定は，立法府の広い裁量にゆだねられており，それが著しく合理性を欠き明らかに裁量の逸脱・濫用と見ざるをえないような場合を除き，裁判所が審査判断するのに適しない事柄である」と述べました。つまり，憲法25条の規定の趣旨にこたえて

どのような法律を作るかについては立法府に広い裁量権（⇒**CHAP.8**①。立法裁量といいます）があり，裁判所としては立法府が作る法律を尊重するので，違憲ということはできないとしました。もっとも，立法府が作った法律であれば無限定に合憲かといえばそうではなくて，法律が「著しく合理性を欠き明らかに裁量の逸脱・濫用」にあたる場合には憲法25条違反となるとの基準を示しました。

　このような堀木訴訟の判断をふまえると，ある法律が憲法25条に違反すると主張したいのであれば，いかに「著しく合理性を欠き明らかに裁量の逸脱・濫用」にあたるのかを立証する必要があるということです。

　一方，もう1つ重要な最高裁判決に**生活保護の老齢加算訴訟**があります（最判平成24・2・28民集66巻3号1240頁［百選3］）。**CHAPTER 8**で勉強したとおり，保護基準の内容は法律の規定に基づいて厚生労働大臣が定めますが，大臣が段階的に老齢加算を廃止する内容で保護基準を改定したので，裁判で改定の違憲性と違法性が争われました。最高裁は，上記の堀木訴訟判決を引用したうえで，老齢加算の減額または廃止の要否の前提となる最低限度の生活の需要に係る評価と，被保護者の期待的利益についての可及的な配慮をすることに対して，厚生労働大臣に専門技術的かつ政策的な見地からの裁量権があることを認めました。そして，最低限度の生活の具体化に係る判断の過程および手続における過誤，欠落の有無等の観点や，被保護者の期待的利益や生活への影響等の観点からみて，大臣のそれぞれの判断が裁量権の範囲の逸脱またはその濫用があると認められる場合，違法になるとの判断基準を示しました。そのうえで，最高裁は，被保護者の期待的利益に配慮を示したうえで，行政がたどった判断過程をふまえて手続的な問題点を探る観点で審査しました。その結果，違法はないとし，そうである以上，憲法25条に違反するものでもないとしました。このような最高裁の判断を前提にすると，違憲の主張をしたいのであれば，行政がたどった判断過程のどこに問題があるかを具体的に立証してまずは違法ということ，そして，それが違憲にあたることを立証する必要がありそうです。

ⅱ **憲法14条**　　他方，憲法14条1項は，「すべて国民は，法の下に平等であつて，人種，信条，性別，社会的身分又は門地により，政治的，経済的又は社会的関係において，差別されない」と規定しています。ある社会保障制度に

ついて受給対象者から外れたり，給付内容に違いが生じたりする場合には，こうした区別を設けた法律には合理的な理由がないと主張して争うことになります。憲法 14 条違反が争われた最近の訴訟には，労災保険（正確には地方公務員災害補償法）の事案があります。遺族補償年金の受給者について，妻には年齢要件が課されない一方で，夫には 55 歳以上との要件が課される点が憲法 14 条に反するかが争われました（大阪高判平成 27・6・19 判時 2280 号 21 頁［百選 6］）。第 1 審は「配偶者の性別において受給権の有無を分けるような差別的取扱いはもはや立法目的との間に合理的関連性を有しない」として違憲・無効と判断したのに対して，控訴審は「何ら合理的理由のない不当な差別的取扱いであるということはできない」としたため，最高裁の立場が注目されました。最高裁は，特に違憲審査基準を示すこともなく，「合理的な理由を欠くものということはできない」として，憲法 14 条 1 項違反はないと判断しました（最判平成 29・3・21 判時 2341 号 65 頁）。

このように，憲法 14 条違反を主張する場合には，存在する区別に対しては合理的な理由がないことを主張していくことが重要になります。

## 考えてみよう

社会保障に関する訴訟において憲法 25 条，14 条以外にどのような違憲主張ができるか，考えてみましょう。

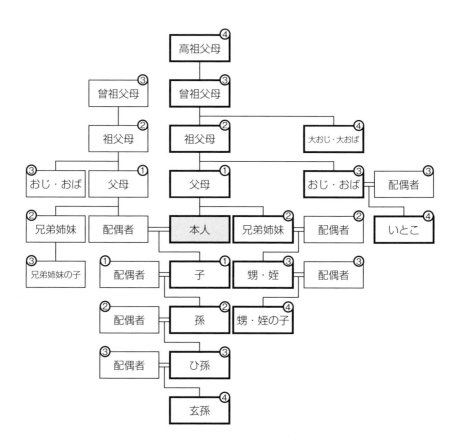

* 数字は，本人からみた親等数を指します。

* ▯は血族（同じ祖先をもつ親族），▯は姻族（婚姻による親族）を指します。

# 事項索引

# 判 例 索 引

【有斐閣ストゥディア】

# 社会保障法〔第2版〕
*Social Security Law*, 2nd ed.

2019 年 7 月 30 日　初　版第 1 刷発行
2023 年 3 月 10 日　第 2 版第 1 刷発行

著　者　　黒田有志弥，柴田洋二郎，島村暁代，永野仁美，橋爪幸代
発行者　　江草貞治
発行所　　株式会社有斐閣
　　　　　〒101-0051 東京都千代田区神田神保町 2-17
　　　　　http://www.yuhikaku.co.jp/
装　丁　　キタダデザイン
印　刷　　株式会社理想社
製　本　　大口製本印刷株式会社
装丁印刷　株式会社亨有堂印刷所

落丁・乱丁本はお取替えいたします。定価はカバーに表示してあります。
©2023, A. Kuroda, Y. Shibata, A. Shimamura, H. Nagano, S. Hashizume.
Printed in Japan ISBN 978-4-641-15107-9